JN066253

中高ギャップを埋める

高校の英語授業
6つの改善策

金谷 憲 編著

大修館書店

目次

第3章 ギャップ解消の取り組み … 41

第4章 ギャップ解消のカリキュラム … 175

第5章 ギャップを超えて未来へ
——ギャップ解消の条件 … 215

中高ギャップを埋める
高校の英語授業6つの改善策

第1章
中高ギャップをなくすために

1 本書の趣旨

　英語教育の改善ということでは，ALTとのティーム・ティーチング，ICTの活用，小学校への英語教育の導入，英語授業は英語で行うこと，外部テストの利用等々と数多くの提言や提案が行われてきましたが，中高ギャップを認識し，その解決をどうするかということが学校英語教育のテーマとして大きく取り上げられたことはこれまであまりありませんでした。

　しかし，学校英語教育の課題で最も重要なものに中高ギャップの解消があると編者（金谷）は考えます。このギャップを乗り越えられず，挫折し，「英語は難しい」，「英語は苦手」という印象だけを持って社会人になってゆく生徒が多くいます。

　中高の教科書を比較してみても，高校で分量が大幅に増え，未知語の数も大きく異なります。また，dialog形式のものが多い中学教科書に比べて，高校ではこの形式のものはあまりありません。扱われている題材も，中学のように生徒の日常生活に密着し，彼らにとって親しみやすい話題から徐々に離れていきます。

　このように教科書のギャップも大きいですが，何と言っても深刻なのは，中学を卒業しても，中学英語は卒業していない生徒が非常に多いということです。中学英語を使える状況になって卒業する生徒はあまり多くありません。

　問題はその先にあり，高校ではそうした生徒の実態を認識せずに（あるいは認識しているにもかかわらず），新しい事項，難しい内容による「高校英語教育」が行われている状態は決して珍しくありません。

　編者は仲間とともに，この点に集中して過去10年以上，ギャップ解消のための高校英語授業のモデルを提案し，協力校と試行錯誤を続けてきています。10年を経た今，かなりの数のモデルが実践されて来ています。こうしたモデルと実践上の試行錯誤の実際を全国的に共有することは日本人の英語力の底上げに通じると信じています。

　中高のギャップを解消するために実際に実践されている高校英語授業モデルを全国の高校と共有するために整理し，紹介するのが本書の主な目的です。同時にギャップが生じないようなカリキュラムの提案も行います。

❷ 本書の構成

2.1 概要

　最初に本書の構成を大まかに示します。

　本書では，まず，中高の英語授業にはかなり大きなギャップがあるということを示したいと思います。中高ギャップに関する調査研究の成果を紹介し，中高教材の違い，中高校生の英語力の実態を理解してもらいます。

　次に，現在までの教育課程の枠内で工夫・実践されているモデルを紹介します。ここで言うモデルとは，授業の型のことです。それも授業1コマの型（50分授業で，最初導入があり，次に新出単語の解説，発音練習に続きなど）ではなく，1年間あるいは3年間，1科目あるいは，科目をまたいでの運用も含めて英語授業をどのように運営してゆくかに関する型です。

　中高ギャップを埋めるためには，中学英語の定着と高校の新出事項導入という2つのことを，できる限り無理なく進めていく必要があります。このことはかなりの難事業であり，本書で紹介されている取り組みには長い時間かけての試行錯誤が必要でした。そして，現在でもまだそうした試行錯誤は続いています。本書ではそうした試行錯誤の過程も含めて紹介したいと考えています。

　上記モデルは，しかし，現行教育課程の制約内での「やり繰り」の例であり，全く無理なく実行できるものとはなっていません。段差のないカリキュラムを作り，英語力の定着を目指すのが正攻法です。本書では「やり繰り」の例を紹介するのがメインではありますが，同時に苦しい「やり繰り」をしないでもよいようなカリキュラムの提案も行います。

　段差のないカリキュラムとはどんなものか，1年半ほど研究したプロジェクト・チーム（カリプロ）の試作したカリキュラムモデル（ミラカリ）を紹介します。

　最後にギャップを生む根本原因である教育のコンセプトの変化について英語教育のみではなく，教育の未来に対して細やかな提言を行います。

2.2 中高ギャップとは何か

　中高ギャップが日本人の英語力向上に大きな障害になっています。第2章でギャップの実態についてデータを示しながら解説します。主に中高教科書のデータと中学英語の定着実態についての実証データを示します。

　しかし，第1章をお読みの現時点では，まず常識で考えていただきたいと思います。本書をお読みの読者の多くは，英語の教師の方たちでしょう。また，そうではない方も中学高校で英語の授業を受けてこられた方々だと思います。

　高校で教えておられる（おられた）方々はデータを見ないでも，高校生が中学で習った英語を自由に使いこなせていると思っている方はほぼいないでしょう。教師ではない読者でも，ご自分が中高生だったとき，ご自分が中学英語をどのくらい使いこなせていたかは，ぼんやりとは憶えておられると思います。はたして，中学英語を使って話しができたでしょうか，まとまった文章を書けたでしょうか。中学程度の英語ならスラスラと読んで理解できたでしょうか。ご自分では自信のある方なら，クラスメートはどうだったか思い出していただきたいと思います。中学を卒業しても，中学英語を卒業したと感じられた方はどれぐらいおられるでしょうか。

　第2章では，皆さんが薄々（あるいははっきりと）感じておられる中高英語の段差を客観的に自覚していただきたいと思います。

2.3 ギャップを超える工夫——授業方法

　第3章では，この中高ギャップを埋める取り組みを詳しく紹介します。本書の大部分はこの章に当てられています。

　ギャップは主に既に述べた要因から生まれます。つまり，中学英語を卒業していない高校生に対して，中学英語卒業のための配慮がなされていないことです。

　配慮がなされていない典型例は，教材の選択に顕著に見られます。ひと頃と比べると多少の変化は見られるものの，段差をなるべく低くする教材を選ぶ学校はまだ多くありません。レベルの高い教材を選ぶことが，生徒の学力向上につながると信じている教師は残念ながらまだ多いです。そし

て，その理由は「大学入試のレベルが高いから」ということが多いです。

大学入試のレベルがどのくらいかは，本書では詳しく論じることはできませんが，実際にどのくらい高い（低い？）ものなのかはいくつかの調査結果に当たっていただきたいと思います（例えば，金谷憲編（2009），アルク教育総合研究所監修（2015））。

仮に非常にレベルの高いものであるとしても，生徒の実力からかけ離れた教材によってその高みに到達すると考えるのは合理性を欠きます。

したがって，ギャップを克服するために必要なことは，まず高校生の多くが中学英語を卒業していないという現実から目を背けないことです。

その上で，ギャップの少ない教材を選択すること，そして何らかの方法で中学英語を使わせる工夫をすることです。しかも，使わせて使えるようにするためには，相当何度も繰り返すことが必要となります。

まとめると，第1に中学英語定着は高校の仕事であると認識することです。第2に適切な教材を選択すること，第3にその教材を中心にして生徒に英語を頻繁に使わせることです。

第3章はこのような切り口でなされているさまざまな取り組みを，実際に行っている学校の先生方に紹介してもらいます。

2.4 中高ギャップを生まないカリキュラム

第3章で紹介する段差解消のための工夫は，現行までのカリキュラムの枠組みの中での取組みです。現行カリキュラムでは特別に中高ギャップを解消しようとする仕掛けは本格的には組み込まれていません。

もちろん，これまで教育課程ではギャップを生まない工夫が全くなかったわけではありません。例えば，高校の旧課程（2009年告示）ではコミュニケーション英語にはⅠ，Ⅱ，Ⅲの他に基礎という科目が設けられており，この教材はまさに段差を緩和するために作られたものと考えられます。

しかし，この科目を採択する高校は少なく，多くの場合，コミュニケーション英語Ⅰからスタートします。また，高校の教科書には同じコミュニケーション英語Ⅰであってもレベルに差があります。その場合，レベルの高いものが選ばれるケースが未だに多くあります。

そうした中で，やはり中高が段差なく連続していくようなカリキュラム

を作る必要があります。大元となるカリキュラムにそうした手当が明確になされていれば、段差解消への工夫も無理なく実行できるのです。

第4章では、カリキュラム研究プロジェクト（カリプロ）が考案した未来のためのカリキュラム、ミラカリを紹介します。1つの案ではありますが、日本人の英語力を向上させるための合理的手立てに沿って英語教育がなされることが、本来あるべき姿であることを示したいと思います。

2.5 ギャップを生む根本原因

最後にギャップを生む根本原因についてささやかな考察をして、本章を締めくくりたいと思います。

明治5年（1873年）の学制設定から150年経った現在（2023年）までの間で、学校教育の担う役割が徐々に変化しています。その変化に応じた対応を教育側がしてきたかというとまだ十分であるとは言えません。

詳しくは第5章で述べますが、予告編的に言っておくと、教材提示的役割が主だった時代から、教材を生徒が定着させることのサポートへと徐々に比重が移ってきていることへの対応が十分ではないということです。

このことと、本書の英語教育における中高ギャップ解消にはあまり関係がないように感じられる読者もいらっしゃるでしょう。しかし、このことは中高ギャップを生む根本原因であると私は考えます。

どのような教材を生徒に提供すべきか、という発想がもともとの出発点であったと思います。そしてその発想は間違ってはいません。なぜなら、学制の出発当時、生徒たちには学ぶ内容を記した教材が行き渡っている状態ではなかったからです。江戸時代から培った教育的土壌はあるので、教材が皆無ということではなかったでしょうが、国民皆教育という基準に立てば、なかなかすべて平等という状態ではなかったでしょう。

しかし、現在、英語教育に限って言えば、文字教材はもとより、音声も、映像もほとんどすべてが整っている状況にあります。したがって、こうした教材の選択を誤らなければ、後は学習を支えることが教師（教育）の大きな任務に変わりつつあるのです。こうした根本的な変化も視野に入れて教育改革を考えれば、実質上の効果はもっと得られるはずです。そして、英語教育もその例外ではないことを最後に論じるつもりであります。

第 2 章
中高ギャップの実態

1 教材ギャップ

1.1 高1で英語が嫌いになる?

　学習が進めば，教材が難しくなっていくのは当然でしょう。ただ，教材が急に難しくなれば，それは学習者の躓きの原因となります。ベネッセ教育総合研究所の「高1生の英語学習に関する調査〈2015-2019 継続調査〉」https://berd.benesse.jp/up_images/research/all4.pdf によれば，中高生が英語を苦手と感じるようになった時期は，中1の前半と高1の前半であることがわかります（図1）。中1の前半が高いのは，たくさんの重要な文法事項が一度に出てくることと無縁ではないでしょう。それに対して，高1の前半に急激に上がっているのは，何が原因でしょうか。

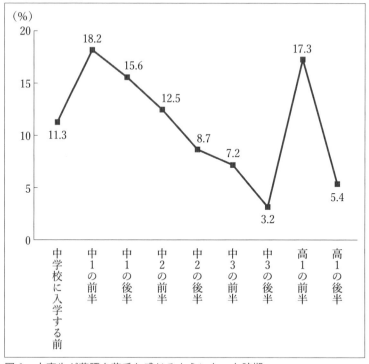

図1　中高生が英語を苦手と感じるようになった時期

1.2 検定教科書の中高ギャップの有無を知るために

これにはいくつかの原因が考えられますが，中高検定教科書のテキストのレベルの違いということはこれまでもよく指摘されてきました。では，このテキスト・レベルの違いは本当に存在するのでしょうか。また，存在するとすれば，どれくらいの違いがあるのでしょうか。こうした疑問に対する答えを得るためには，中学校と高等学校の検定教科書のテキストの困難度を実際に調べてみる必要があります。検定教科書のギャップとしては，教科書に載っているタスクなども潜在的な要因とはなり得ますが，ここではテキストの困難度に焦点を当てることとします。

テキストの困難度の指標と言えば，リーダビリティがまず頭に浮かぶでしょう。確かに，これまでには Flesch Reading Ease Formula などの伝統的なリーダビリティ公式を用いた研究も数多く存在しています。これに対して，根岸（2015）や大田（2015, 2017）などでは，Lexile Measure という指標を用いて，中高検定教科書のテキスト困難度を調べています。

Lexile Measure は「テキストの難易度」を測定しているという意味ではリーダビリティと同じ機能を有していますが，この指数の特徴は読み手の「読解力」を同一尺度上に示すという点です。Lexile Measure では，自分の読解力と同じレベルのテキストであれば，およそ 75% の理解度を持って読むことができるとされています。Lexile Measure は 1000 L のように，数字の後に文字「L」が続いて示され，初級レベルの読み手のレベルおよびテキストの低い困難度（つまり易しいテキスト）は低い Lexile Measure，上級レベルの読み手のレベルおよびテキストの高い困難度（つまり難しいテキスト）は高い Lexile Measure で示されます。Lexile Measure の範囲は，0 L あたりから 1600 L あたりまでとされています（https://lexile.global/for-english-learning/educators-learners-parents/lexile-framework-reading/）。

次ページの図 2 を見てみましょう。このグラフは，縦軸は読み手の理解度を表し，横軸は読み手の Lexile Measure からテキストの Lexile Measure を引いた数値を表しています。読み手の Lexile Measure からテキストの Lexile Measure を引いた数値が同じ（つまり，数値としては 0 L）であれば，理解度は 75% となるように設定されています。これがプラスでその数値が大きいほど，余裕を持ってそのテキストが理解でき，マイナスで

その数値が大きいほど，理解に困難を感じる可能性が高いということになります。Lexile Measure のサイト（https://lexile.com/educators/understanding-lexile-measures/）には，Materials are in your student's reading comprehension "sweet spot" when they are 100 L below to 50 L above their reported Lexile reading measure. とあります。

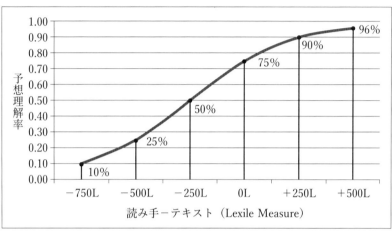

図2　読み手とテキストの乖離による予測理解率

1.3　検定教科書の中高ギャップ

　根岸（2015）では，「中学・高校・大学で用いられている英語教科書のLexile Measure によるテキスト難易度」「大学入試センター試験および個別入試の英語リーディング・テキストの Lexile Measure によるテキスト難易度」「高等学校の使用教科書と生徒の Lexile Measure の関係」について調べています。調査対象とした検定教科書は，以下の通りです。

2013 年版中学校英語検定教科書：*New Crown English Series 1, 2, 3*（三省堂）
2013 年版高等学校英語検定教科書：*Crown/Exceed/Vista* それぞれの英語 I ，
　英語 II ，リーディング（三省堂）
2014 年版高等学校英語検定教科書：*Crown/My Way/Vista* それぞれのコミュニケーション英語 I ，コミュニケーション英語 II （三省堂）

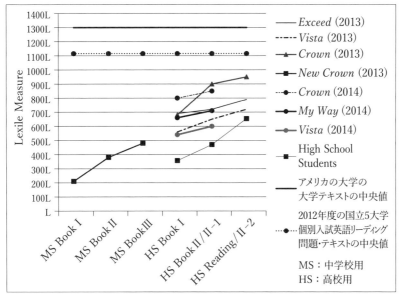

図3 中高英語検定教科書・大学入試の英文および高校生の Lexile Measure

　この結果から，中学高英語検定教科書の難易度は，中1から中3まで緩やかに上昇していること，高等学校英語検定教科書の難易度は，それぞれの教科書のシリーズごとに上昇は見せるものの，教科書の種類ごとの難易度は異なっていること，旧課程の教科書と新課程の教科書では，あまり差がないシリーズもあるが，新課程になり，かなり上昇しているシリーズなどもあることがわかりました。

　こうした傾向以上に目についたのは，中学3年と高校1年の間には大きなギャップが存在する点です。2013年版でも中学検定教科書の *New Crown* から高等学校検定教科書の *Crown* になった場合などは，Lexile Measure で約200 L も差がありますが，2014年版では，この差は約300 L となっています。300 L の差というのは，中1の教科書と中3の教科書の差にも匹敵するものです。逆に，あまりギャップのないのは，テキストの難易度の低い教科書です。

　高等学校学習指導要領は2009年に改定され，「英語Ⅰ」「英語Ⅱ」はそれぞれ「コミュニケーション英語Ⅰ」「コミュニケーション英語Ⅱ」というように変わりました。

　大田（2015）・大田（2017）は7種類の中学校英語検定教科書および8種

類の高等学校英語検定教科書「英語Ⅰ」（2006年出版，2007〜2013年使用）「英語Ⅱ」（2007年出版，2008〜2014年使用）「コミュニケーション英語Ⅰ」「コミュニケーション英語Ⅱ」（2013年出版，2014〜2019年使用）をLexile Measureにより分析しています。分析対象としたのは，「大学進学希望者を抱える平均的な高校が採用していると想定される教科書の中から，学習指導要領改訂前後で教科書タイトルに変更のない8種類」です（大田，2015，p.45）。大田（2015）では，「英語Ⅰ」と「コミュニケーション英語Ⅰ」は8種類を平均すると66Lの差がありテキストの困難度は上昇する傾向がありましたが，大田（2017）では，「英語Ⅱ」と「コミュニケーション英語Ⅱ」は平均で11Lとわずかな差しかありません。つまり，改訂に当たり，Ⅰではテキスト・レベルが上がっていますが，Ⅱは改訂前後とあまり変わっていないということがわかります。「コミュニケーション英語Ⅰ」の平均が777L，中学用Book 3の平均が485Lであり，292Lの差がありました。この差は，それ以外のどの学年間のLexile Measureの差よりも大きいものでした。つまり，教科書の改訂により，中3から高1のギャップはさらに拡大しましたが，高2のレベルは大きく変動していません。もしかすると，高校としてのテキストの上限のイメージがあるのかもしれません。

1.4　高等学校検定教科書と大学入試との関係

　では，大学入試と教科書の関係はどうなっているのでしょうか。2012年度大学入試センター試験のLexile Measureは1030Lとなっており，同年度の大阪大学，東京外国語大学，一橋大学，京都大学，東京大学の入試問題のテキストのLexile Measureの平均は1204Lとなっていました。ちなみに，これらの大学の個別の大学入試のLexile Measureは年度によって上下はするものの，ならすと1200L程度となっていました。これらを総合すると，大学入試センター試験のLexile Measureは高3で用いている教科書の平均Lexile Measureよりは高く，上記の大学入試問題の平均Lexile Measureは大学入試センター試験のLexile Measureより高かったことがわかります。ただし，上位レベルの教科書の全レッスンのテキストの平均が950L程度ということなので，学年の最後のあたりには大学入試

センター試験のレベルには達していた可能性はあります。とはいえ，上記のような国立大学の入試のテキストのレベルには達していなかったでしょう。高校の検定教科書も大学入試センター試験もオーセンティックなテキストそのままが採用されることはほとんどないのに対して，上記のような国立大学の入試問題のテキストは，難しい語句に注が付くにしても，オーセンティックなテキストがそのまま用いられ，易しく書き直されるということはほとんどないということからもうなずけます。

1.5 使用教科書と生徒の読む能力の関係

それでは，使用教科書と生徒の読む能力の関係は，どうなっていたでしょうか。こうした関係を見るには，テキスト・レベルと読む能力を同一尺度に乗せている Lexile Measure は最適です。根岸（2015）で分析対象とした学習者は，公立の平均的な高校1・2・3年生です。この高校で使用されている教科書は，A（英語コミュニケーションⅠ），B（英語コミュニケーションⅡ），C（リーディング）であり，いずれも進学校向けの教科書でした。これらの Lexile Measure も算出されました。

表1 高校生と使用英語教科書の Lexile Measure の関係

学年	Reader LM	検定教科書	Text LM	Reader－Text	理解率
1年	357 L	A	770 L	−413L	約30%
2年	470 L	B	960 L	−490L	約25%
3年	654 L	C	1010 L	−356L	約35%

この結果，表1が示すように，今回の調査対象となった高校の場合は，読み手の Lexile Measure からテキストの Lexile Measure を引いた数値は，それぞれ−413 L，−490 L，−356 L となっており，予測される理解度は25〜35% 程度しかないことがわかります。（次ページ図4）3年次の Reader LM が654 L なので，3年生になっても1年次に使っていた教科書の *Element I* も自力ではよく読めていなかったであろうと推察されます。

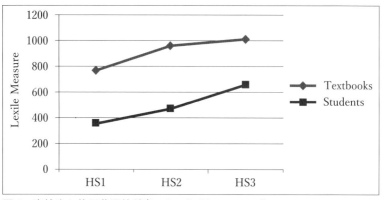

図4　高校生と使用英語教科書の Lexile Measure の差

　中高ギャップが英語の学習と指導にもたらす影響

　高校生の使っている教科書が自力では簡単に読めるようなものではないということは，感覚的にはわかっていましたが，これだけの開きがあるということが実証的に示されたのはこの研究が初めてではないでしょうか。この調査対象校で使われていた教科書は，当時の生徒が自力で読んだ場合，理解度が 30% 程度しかなかったということを意味しています。確かに，外国語としての英語の教科書は，楽しみのための読書とは違います。学習するのですから，学習者が余裕で読めるようなものばかりではダメなのでしょう。しかし，Krashen の主張を思い出してください。Krashen（1982, p. 61）は理解可能なインプットが言語習得には重要であり（Comprehensible *input* is responsible for progress in language acquisition.），i＋1 のレベルのインプットが最適であると主張しました。

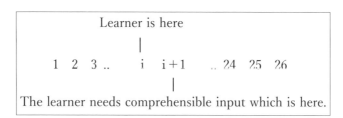

図5　学習者に必要なインプットのレベル
（internationalschooltutors.de/English/advice/teachers/info/scaffolding.html）

これはある種のメタファーであり，i＋1の1がどの程度のものか実証的なデータが示されているわけではありませんが，考え方としては，Lexile Measure で設定されている 75% の理解度にかなり近いものでしょう。こうした観点から見れば，現在採用されている教科書の多くは，いかにも生徒への要求度が高いと思われます。

生徒が自力では3割しか理解できない教科書を用いて学習しているということは，どのようなことを意味するのでしょうか。このことは，まず毎行のように辞書を引く必要のある単語があることを意味しています。これだけの未知語がある状況では，語義を推測することは困難ですし，辞書を引いても，多義語の場合は，意味を決定することもできないでしょう。また，生徒に予習を課している場合は，予習時間のほとんどが辞書引きで終わってしまいます。さらに，現状用いられている多くの教科書では，修飾構造の複雑な長い文が多いため，日本語に訳して理解しようとしても，構文解析がうまくいかず，ほとんど暗号解読となってしまうでしょう。その結果，不完全な日本語を通しての理解となり，英語そのものの処理が起こらないことになります。

では，このような状況の生徒に指導している教師にはどのようなことが起こっているのでしょうか。生徒は自力では3割しか理解できていない教科書を理解させようとするということは，教師が残りの7割を解説する必要があることを意味します。実際は，生徒が理解している3割を正確に同定することはできないので，教科書のほとんどすべてを解説することになり，授業は解説だけで終わってしまうかもしれません。こうした解説の効率化を図るために，生徒に予習を課している可能性もあります。解説中心の授業では，生徒を理解させるのが精一杯で，言語活動の時間を取ることができず，産出技能の養成につながらないでしょう。逆に，生徒が自力である程度理解可能なテキストを使えば，教師があれこれと頑張って理解を助けようとしなくても良いのです。これに関しては，Lightbown & Spada (2013, p. 180) も次のように言っています。

Classroom research has confirmed that students can make a great deal of progress through exposure to comprehensible input *without direct instruction*. Studies have also shown, however, that students may reach a point from which they fail to make further progress on some features of the second language unless they also have access to guided instruction.

（イタリック体は筆者）

　現在日本の多くの教室で行われているような guided instruction は，十分なインプットを与えた後に意味を持ってきます。生徒が自力で読めるテキストを使うことで，生徒も楽になるだけでなく教師も楽になるのです。

　さらに，評価ではどのようなことが起こっているのでしょうか。「教科書本文」を理解すること自体が目標となっているために，既習の「教科書本文」が定期試験に出題されます。こうした試験の結果からは，多くの生徒は「教科書本文」は読めると考え，実は生徒は自力では同じようなレベルの英文が読めるわけではないということに，教師も（生徒自身も）気づきません。

1.7　教科書の採択のあり方をどうするか

　検定教科書の採択に当たっては，生徒が「読めるようになるべきテキスト」を採用してきたのではないでしょうか。学習のゴールとしては，「読めるようになるべきテキスト」が読めるようになることはいいでしょうが，これまでは，ゴールとなっているテキストを読むという方法がとられてきました。しかし，こうしたテキストと学習者のレベルに大きな乖離があった場合，学習者は崖を這い上がるような苦しみを味わうことになります（次ページ図6左）。ただ，「読めるようになるべきテキスト」を読める段階に到達する方法は，それだけではありません。「生徒が自力で読めるテキスト」を読んでいくことで「最終的に目標に到達する」という考えです（図6右）。あらかたは自力で理解できるのですから，大量のテキストを処理することがそれほど苦労なくできるでしょう。Lexile Measure の観点から見て読み手に合ったテキストであっても，必ずや未知の語句や文法はあるでしょう。そこで学習は進みます。

　こうした教科書採択のあり方は，教科書作りにも影響を及ぼしている可能性があります。生徒の実態とは関係なく，難しい教科書を採択することが学校のブランドとなっているとすれば，教科書会社は，売れる教科書

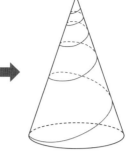

図6　テキストと向き合う生徒のイメージ

（つまり，難しい教科書）を作り続けることになるでしょう。また，これまでの紙の教科書の（実質的に存在する）量の縛りのために，易しいテキストを大量にというような発想にはなりにくいのです。さらに生徒にとって難しいテキストなので，本格的な言語活動は設定しにくくなる可能性もあります。

1.8　現行検定教科書でどうなったか

　上で紹介した調査の対象となった検定教科書は，現行学習指導要領下でのものではありません。従来の学習指導要領で扱う単語数は，中学校1200語程度，高校1800語程度の計3000語程度ですが，現行学習指導要領では小学校600語〜700語程度，中学校1600語〜1800語程度，高校1800語〜2500語程度で，合計すると4000語〜5000語程度となります。つまり，1000語〜2000語程度の増加となっています。単語数が大きく増えれば，テキスト・レベルもそれに応じて上昇すると考えられます。

　前回の学習指導要領の改訂で，「英語Ⅰ・Ⅱ・Ⅲ」が「コミュニケーション英語Ⅰ・Ⅱ・Ⅲ」に変わった時には，「英語Ⅰ」と「コミュニケーション英語Ⅰ」では，中高のギャップは広がったものの，「Ⅱ」となると，差はほとんどなくなっていました。では，現行学習指導要領のもとでの検定教科書はどうなっているのか，気になるところです。現時点（2023年11月）では，高校教科書も全学年そろっているわけではありません。そこで，ここでは，中学と高等学校の新しい検定教科書の接続部分に絞ってテキストのリーダビリティ（Flesch Reading Ease, Flesch-Kincaid Grade Level,

CVLA）を調べてみました（この分析では，Lexile Measure は使用していません）。対象としたのは，三省堂の中学校検定教科書 *New Crown* と高等学校検定教科書の *My Way* と *Crown* です（なお，同社の *Vista* は分析対象となるようなまとまりのある文章がないために分析対象外としました）。

表2　現行学習指導要領下の中高検定教科書のリーダビリティ

		Flesch R E	F-K G L	CVLA
NC	3-5-USE Read	75.4	5.1	A2.1
	3-6-USE Read	78.3	4.6	A2.1
	3-7-USE Read	68.0	6.1	A2.1
MW	L1	72.2	5.3	A2.1
	L2	62.9	7.0	A1.3
	L3	65.2	6.6	B1.2
C	L1	84.8	3.6	A1.3
	L2	82.1	4.3	A2.1
	L3	78.2	5.1	A2.1

Flesch R E: Flesch Reading Ease, F-K G L: Flesch-Kincaid Grade Level
NC: *New Crown*, MW: *My Way*, C: *Crown*

　表2から，今度の改訂では，中学の検定教科書のレベルが上昇し，高校の検定教科書のレベルはそこまでは上昇せず，ギャップが縮小している可能性を示唆しています。今回調べたのは，接続部分だけなので，全体として現行検定教科書の困難度がどう推移しているのかは，実際の検定教科書が出揃ったところで，検証されなければなりません。もし中高接続部分のギャップの縮小が事実だとすると，従来存在していたギャップがもっと前倒しになっている可能性や中学での困難度の上昇角度がかなり急なものになっている可能性があります。本書で以下に紹介される様々な指導実践は，上で分析対象となった教科書（または，それらと同時代に出版された教科書）に基づくものですが，新たに生じているかもしれないギャップ（それがどこであれ）の対処にもきっと役に立つはずです。

2 Sherpa 調査

　前節では，教材と生徒の理解のギャップに関する調査を紹介しました。
実際に，中学校から高校にかけて，検定教科書の難易度が上がることによ
り，教材と生徒の間にギャップが生じやすい傾向があることがわかりまし
た。また，現行の検定教科書では，旧課程に比べて，難易度のギャップが
中学と高校の間で小さくなっている可能性も指摘されました。一方で，教
材で生じるギャップを踏まえつつ，高校へ入学する生徒たちは，中学の教
材で学んだことをどれくらい身につけているのかということも把握する必
要があります。そこで，本節では，高校生が中学英語をどのくらい理解・
発信できるかを調査した結果を報告します。この調査は，旧課程の2016
年に，高校の英語の先生方をサポートする支援の一環でSherpa（シェル
パ：Senior High English Reform Project ALC）チームによって行われたもの
です（金谷他, 2017）。

　Sherpa調査では，主に東京首都圏内の高校生延べ5381名を対象に，中
学英語の定着度を測るテストを受けてもらいました。調査校の概要は，以
下の通りです。

調査校の概要

学校数	25校（公立10校，私立15校）
偏差値平均	56
延べ人数合計	5381名
（内訳）高1	3477名
高2	853名
高3	1051名

2.1　中学英語定着テスト

　「中学英語が定着している」とはどういうことでしょうか。「定着」には
いろいろな段階があります。例えば，中学の教科書に出ている単語の意味
を日本語で答えられることや，文法項目別の穴埋め問題や並べ替え問題が

できることが最初の段階かもしれません。そのような断片的な単語や文法の知識を知っていることは必要かもしれませんが，高校英語を学ぶために必要な基盤としては不十分です。高校では，さまざまな表現や文法事項が，中学校の教科書よりも難しい文章の中に出てきます。また，中学英語の定着を，高校の英語教育の1つの目標として捉えた場合，もう少し高度なレベルでの中学英語の定着を目指すことは有益でしょう。

　そして，ここで報告するSherpaプロジェクトでは，中学英語の定着を「中学英語を素早く，自由自在に使える状態」であると定義しました。「素早く使える」とは，ゆっくり読めばわかるということではなく，スラスラと流暢に使えることを定着の1つの大切な指標としています。そして，「自由自在に」とは，さまざまな中学英文法や語彙表現を組み合わせて英語を使うことができることを重要視しています。このように比較的高度なレベルでの中学英語の定着が，コミュニケーション能力を下支えすると考えました。

　このような考えのもと，中学英語の定着度合いを測るために，中学英語定着テストを作成しました。このテストでは，中学校の検定教科書の英文そのまま，または中学の単語と文法のみを素材としてテストを作成しました。そして，テストを受ける生徒にとって，馴染みのあるテスト形式をできるだけ用いることにしました。以下の5種類のテストについて簡単に紹介します。

中学英語定着テスト

中学校の検定教科書の英文そのまま，または中学の文法・表現のみを素材として作成	速読テスト
	絵描写テスト
	和文英訳テスト
	リスニングテスト
	ディクテーションテスト

　本調査で用いたテストは，3つの観点から中学英語の定着度合いを測る上で有効です。第1に，英文をどれくらい素早く，読んだり書いたりできるかという能力を測定しました。じっくり考えればできるのではなく，ある程度のスピードを持って英語を使うことが，中学英語の定着の指標として重要だと考えたためです。このような英文を読んだり書いたりするス

ピードの測定には，速読テストや絵描写テストを用いました。

　第2に，中学英語をどれくらい正確に書けるかということを調べました。正確さを調べるためには，生徒が慣れているテスト形式である和文英訳テストを用いました。中学英文法と言ってもいろいろな項目があるため，基本的な語順や，英語を使う上で重要な要素に絞って正確さを調べました。

　第3に，中学英語を運用する総合力を捉えようと試みました。リスニングテストは，発音・語彙・文法知識を総動員しながら，英文を頭から，素早く理解する必要があります。また，ディクテーションテストでは，英文を聞いて理解し，内容を頭の中に保持して，書くという統合的な技能を測定しました。

2.2　速読テスト：どれくらい速く読めるか？

●テスト内容

　高校生1180名を対象に，中学校3年生の検定教科書の初見の英文（170語程度）を読んでもらい，読む時間を記録し，True or False形式の内容理解確認問題（以下，TF問題）を解いてもらいました。

In 1849, the Gold Rush began. Lots of men rushed to California to find gold …（中　略）… I think jeans are so popular because they are now a sign of youth and freedom.

> 読むのにかかった時間　＿＿＿＿＿＿

True or False?

1. The people coming for gold needed strong pants because they put rocks in their pockets.　　　　　　　　　　　　　　　T / F
（中略）

5. In the 19th century, denim pants were very popular among sailors from Genoa.　　　　　　　　　　　　　　　　　　　　T / F

正答数：5問中　＿＿＿＿問正解

平成5年度版　*SUNSHINE ENGLISH COURSE 3*（開隆堂）

●結果

高校生が理解しながら読むことができる速度は，1分間で平均73語でした。大学入試センター試験では，1分間に100語以上の速さで読む必要があるという試算（鈴木，2017）と比べると，中学英語の英文を読むスピードは非常に遅いことがわかります。

速読テストの要点
英文を読む平均速度：**1分間に73語**

2.3　絵描写テスト：どれくらいたくさん書けるか？

●テスト内容

高校生570名を対象に，ある街でたくさんの人がいろいろな動作をしている1コマの絵を見て，5分間で英文を書いて説明させました（表現のための語彙は与えました）。次ページの絵はイメージです（実際に使用したものと一部異なります）。

●結果

5分間の絵描写テストで，語順（「主語＋動詞＋目的語」や「主語＋動詞＋補語」など）が正しく書けた文は，約4文でした。1文当たりの平均語数は6語で，書くスピードは，1分当たり約0.8文でした。平均的な高校生が書いた英文は，以下のようにシンプルな英語で書かれていました。

The walking woman thinks about clothes. The man is sleeping on the chair. The man is waiting buses in front of timetable. The woman is eating an apple in front of shop.

読むスピードの結果と合わせると，書くスピードも遅いと言えるでしょう。

絵描写テストの要点
中学英語で書く平均速度：**1分間に0.8文（6語程度）**

〈語彙リスト〉
・〜を着る・〜をかぶる・（めがねを）かける：wear 〜
・（バイク・自転車）に乗る：ride on 〜
・〜を上る：go up 〜 ・階段：stairs
・バス停：bus stop ・時刻表：timetable
・荷物：luggage ・〜から出る：go out of 〜
・〜の前に：in front of 〜

『選択用教材　ア・ラ・カルト③リスニング上巻』を元に改変（学校図書）

2.4 和文英訳テスト：どれくらい正確に英文が書けるか？

●テスト内容

　高校生 974 名を対象に，中学英語で書かれている以下の英文 10 問を用いた和文英訳テストを行いました。2 種類の単文と複文を用いて，難易度を調整しました。

単文①	私の友達たちはいつも優しいです。 My friends are always kind.
	あの赤いペンは，キッチンにありました。 That red pen was in the kitchen.
	この背の高い日本人の男性は，アメリカに住んでいます。 This tall Japanese man lives in America.
単文② （後置修飾を含む名詞 句を主語に含む）	靴を買っている少女は私の妹です。 The girl buying shoes is my sister.
	北海道に関するその本はとても面白い。 The book about Hokkaido is very interesting.
	Ken に壊された時計は，贈り物でした。 The watch broken by Ken was a present.
複文	私は疲れていたので，寝ました。 I slept because I was tired.
	彼は暇なときに野球をします。 He plays baseball when he is free.
	息子が帰ってきた後に，私は特別な夕食を作りました。 After my son came home, I cooked a special dinner.
	私が友達に電話したとき，彼はテレビを見ていました。 When I called my friend, he was watching TV.

●結果

　高校生がほぼ正しく訳すことができた英文は，10問中平均3問でした。約9割以上の高校生ができた項目は，(1) 基本語順（主語＋動詞；形容詞＋名詞；前置詞＋名詞）と，(2) 中学で学習するごく基本的な語彙（特にカタカナ語になっている語）でした。

　最も多くの生徒が正解できた問題は，中学校教科書にそのままある表現を組み合わせたような文でした（I slept because I was tired.）。

　一方，分詞による後置修飾を含む文（The watch broken by Ken was a present.）や複文（After my son came home, I cooked a special dinner.）の正答率は約10%で極めて低かったのです。ごく基本的な構文を除くと，まだ正確に書けない生徒が大半でした。

和文英訳テストの要点

中学英語の英訳テストの平均正答率：**30%**

2.5　リスニングテスト：どれくらい聞いて理解できるか？

●テスト内容

　高校生 1166 名を対象に，中学校の検定教科書の 1 年生から 3 年生までの英文を一度だけ聞かせて，どれくらい理解できるかを英語の TF（True or False）問題でテストしました。英文の音源は検定教科書に付属の CD のものを使い，1 分間あたり約 125 語の速度で読まれました。以下に中 1 のリスニング問題の例を抜粋して紹介します。

[問題例] 学校の文化祭に参加している人たちが，その様子を報告しています。4 人の報告を聞いて，問題に答えましょう。各報告につき，問題は 1 つずつあります。

A. I'm in the music room now. The brass band is playing some music. Oh, now Ryu is playing. He's playing the drums. He's good.

　　問題 1：Ryu is singing a song.

B. I'm in Room 1-B. Mai is here with me. She's in the art club. She's talking about her pictures. Her pictures are beautiful. I like them very much.

　　問題 2：Mai is taking pictures.

C. Now I'm in the park next to the school. The folk song club is here. They are singing songs from Japan and the USA. They sing very well. Yumi is singing with them. Let's listen.

　　問題 3：Yumi is singing songs both from Japan and the USA.

D. Now I'm in the computer room with Manabu. The computer club is here. I'm looking at their new homepage for the school. It's very good. It's in Japanese and English. And let's play their new computer game. It's fun.

　　問題 4：Manabu is in the computer room.

英文引用：「DO IT LISTEN 4 文化祭で」
平成 17 年度版　*NEW CROWN 1*（三省堂）p. 74

●結果

　高校生の TF 問題正答率は，約 60% でした。2 択問題であるため，当て推量でも 50% の正答率になることを考えると，一度だけ中学英語を聞いて理解することは極めて難しかったと言えます。

> **リスニングテストの要点**
> 中学教科書の 2 択リスニング問題の平均正答率：**60%**

2.6 ディクテーションテスト：中学英語の総合力はどれくらいか?

●テスト内容

　高校生 347 名を対象に，18 文の単文を音声で二度聞かせ，英文を書かせました。このディクテーションテストでは，中学英語を運用する総合力を測るため，丸ごと 1 文を流して書き取らせ，実施方法を工夫しました。具体的には，以下の図のように，音声を二度提示し，信号音（カーレースのスタート時のカウントダウン音）を 3〜4 秒ほど聞かせた後に，書き取りを始めさせました。

①音声提示	The food my father cooked was good.（×2 回）
②信号音	🔊　🔊　🔊　🔊　（ぼーぼーぼーぼー）
③書き取る	✏ The food was good.

図 1　ディクテーションテストの手順

　このような方法でディクテーションをすることで，単なる「耳コピ」によって書き取ることを防ぐことができます。特に短い単文の場合は，信号音を入れることで，英文の意味を頭の中に保持して，生徒が自力で文を（再）構築するように仕向けています。つまり，単なる短期記憶テストではなく，中学英語の基本文を素早く処理し，発音・語彙・文法知識を総動員して，英文を再構築するという総合力を測っているのです。

音声の英文は，中学英語からなる 18 文（和文英訳テストで使った 10 文に新たに 8 文を追加）でした。内訳は，単文（例：I clean my room every day.）と複文（例：After my son came home, I cooked a special dinner.）の両方の文の種類を均等に用意しました。

解答の採点は，文法形態素の誤り（例：冠詞，3 単現の -s，複数形 -s，時制）前置詞（a / an, the）などは許容した上で，正確に書き取れていれば正答としました。

●結果

高校生がほぼ正しく書き取りができた英文は，18 問中約 5 問（正答率 28%）でした。正答率が 80% を超えた唯一の問題は，I clean my room every day. だけでした。特に，複文の正答率は 21% という結果でした。

単文であっても，英文が 9 語を越える長めの文は，正答率が 22% でした。従属節などを含まない基本構文であっても，ディクテーションで書き取ることは難しいことがうかがえます。単文の中で最も正答率が低かった文は，In the morning, my father takes a train to work.（10 語）で，5% の生徒しか正答できていませんでした。つまり，中学校英語で書かれた長めの英文を処理する力は身についていないと言えるでしょう。

ディクテーションテストの要点
書き取りの正答率：**28%**

2.7 まとめ

今回の調査によって明らかにされた高校生の中学英語の定着度は，次ページの図 2 のようにまとめることができます。この図では，中学英語を自由に素早く使いこなせる最低限の基準を設けて，それを超えることができた生徒の割合を示しています。

この結果から，中学英語が定着している生徒の割合はかなり低いということがわかるでしょう。特に中学英語の定着度を総合的に表すディクテーションテストでは，7 割以上の問題でほぼ正確に書き取れた生徒は全体の 7% しかいませんでした。今回のディクテーションテストは，中学英語を

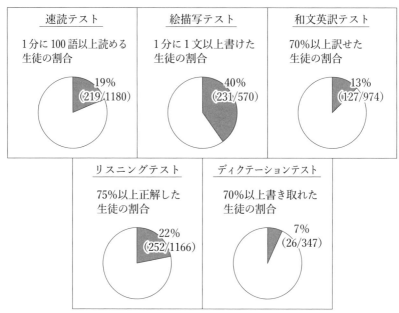

速読テスト
1分に100語以上読める
生徒の割合
19%
(219/1180)

絵描写テスト
1分に1文以上書けた
生徒の割合
40%
(231/570)

和文英訳テスト
70%以上訳せた
生徒の割合
13%
(127/974)

リスニングテスト
75%以上正解した
生徒の割合
22%
(252/1166)

ディクテーションテスト
70%以上書き取れた
生徒の割合
7%
(26/347)

図2　高校生の中学英語の定着度

自由に使えるかという総合力を試すため，5つのテストの中でも最も負荷の高いテスト形式だったと思われます（そして大学入試とも強く関連する英語運用力を測っています：次節参照）。

　もちろんここでまとめている成績の線引きは，やや恣意的に1つだけ設定したため，他にもいろいろな切り口で分析することもできるでしょう。しかし，この中学英語定着テスト調査に参加した高校生の全体の傾向としては，次のようなことが言えるでしょう。

Sherpa 調査結果のまとめ
➢ 多くの高校生は，中学英語が自由に使える状態まで身についていない。
➢ 読むスピードが非常に遅い。
➢ 書くスピードも単純な英文であっても遅い。
➢ 正確に書けることは限定的である。
➢ 中学英語を聞いたり書いたりする総合力（リスニング，ディクテーション）は身についていない。

読者の方は，この結論をどう受け止めるでしょうか。もちろん，他にもさまざまな方法で定着を測るべきですし，より広く調査対象を広げる必要もあります。しかし，この調査結果だけでも，多くの高校生にとって，中学英語の定着が不十分だということは明らかでしょう。

　今回紹介しきれませんでしたが，学校の学力（偏差値）や学年によって，定着テスト成績が大きく変わってくることや，指導・学習方法によって，定着度が上がる可能性が示されています。より詳細な分析結果も含めて，もっと知りたい読者は，金谷他（2017）を参照してください。

　Sherpa調査結果から言えることは，中学英語の定着問題は，中学校だけではなく，高校でも相応の時間をかけて取り組む必要があるということです。そして，高校生の中学英語の定着状況を客観的に把握した上で，中学から高校へのスムーズな連携について議論し，中高ギャップを埋めていくことが重要です。

3 大学入試と Sherpa 調査

　前節で紹介した中学英語定着テストの結果を公表した際，高校の先生方から次のような質問がよく聞かれました。

> 高校生が中学英語を使いこなせていないこと，そして，だからこそ高校で中学英語のさらなる定着を目指した指導が必要だということはわかりました。でも，<u>それで大学入試は大丈夫なのでしょうか？</u>

　Sherpa プロジェクトチームとしては，中学英語が定着していれば大学入試にも問題なく対応できるし，むしろ中学英語の定着なくして大学入試の合格は目指せない，と主張してきましたが，高校現場の先生方にとっては「大学入試に中学英語が役立つ」という話は，にわかには信じられないようで，そのことが「高校でも引き続き中学英語の定着に焦点を当てた指導を」という Sherpa プロジェクトチームの提案に及び腰になってしまう原因の1つになっているようでした。

　そこで，このような先生方の不安を解消するために，中学英語の定着と大学入試の関係性を調べる新たなデータを集めることにしました。

　本節では，中学英語定着テストと大学入試センター試験（以降，センター試験）および大学入学共通テスト（以降，共通テスト）との関係性を調べた研究結果を報告します。

3.1 中学英語と大学入試センター試験との関係性

　関東圏内にある私立の中高一貫校（偏差値54〜58）の高校3年生約80名に，2017年5月〜7月の間に，Sherpa 中学英語定着テストを受けてもらい，同じ生徒たちが翌年1月に受験したセンター試験（英語）の自己採点結果との関係性を調べました。

　この高校では，英語の授業の予習として次の内容を生徒に指示していました。

予習の内容

(1) 新出単語の発音を CD を使ってチェックさせる。

(2) 本文を読み，わからない単語を調べさせる。

(3) 本文を読み，意味がすんなり頭に入ってこない文をチェックさせる。
ただし，意味まで細かく調べる必要はない。

(4) パラグラフチャートシート[※]を記入させる。

(5) 本文音声を CD を使ってチェックさせる。

※パラグラフチャートシート：教科書本文の文章展開を四角い枠や矢印などを
用いて視覚的に図式化した，部分訳が記されたワークシート。詳しくは金谷
（編）（2011）を参照。

　また，復習としては，次の授業で行う本文の穴あきディクテーションテストの準備として，教科書本文の音読を課していました。このような授業を受けている高校生たちは，中学英語をどのくらい使いこなせるのでしょうか。そして，その定着度合いは大学入試（センター試験）とどの程度関係性があるのでしょうか。

　まず，中学英語定着テストの結果を表1に示します。

　この結果は，前節で報告した，のべ5000人の高校生を対象に行った金

表1　中学英語定着テストの結果（2017年）

速読 （N＝77）	平均 WPM	82.66 語（SD＝31.47）
絵描写[※1] （N＝77）	平均総語数 平均文数 1文あたりの平均語数	34.49 語（SD＝17.81） 4.6 文（SD＝2.23） 7.37 語（SD＝1.57）
和文英訳 ［全10問］（N＝78）	平均正答数	4.23 問（SD＝2.432）
リスニング ［16問］（N＝80）	平均正答数	11.39 問（SD＝2.99）
ディクテーション[※2] ［全18問］（N＝73）	平均正答数	10.68 問（SD＝4.54）

※1：絵描写のデータは，「正しく書けた（＝文構造・語順に間違いがない英文）」のものを使用している。

※2：ディクテーションの平均正答数は，ほぼ正しく書けた英文の数を用いて算出している。

谷（編）（2017）と，ほぼ似たようなものでした。唯一の例外はディクテーションテストで，金谷（編）（2017）の調査においては平均正答数が約5問であったのに対し，今回の調査では約10問でした。この理由の1つとして考えられるのは，前述したように今回の調査協力校の授業において，前時の復習として穴あきディクテーションテストが実施されていたことが挙げられます。生徒たちがディクテーションという活動自体に慣れていたことが，約10問という平均正答数に反映されたのかもしれません。

　では，これらの中学英語定着テストの結果は，センター試験の結果とどの程度関係があるのでしょうか。関係性の強さを調べるために相関係数[1]を算出しました（表2）。なお，調査対象となった高校3年生のセンター試験の平均点は，筆記が138.31点（標準偏差33.98，200点満点），リスニングが29点（標準偏差9.39，50点満点），合計が133.75点（標準偏差33.14，200点満点換算）でした。

表2　中学英語定着テストと大学入試センター試験の関係性[2]

	筆記	リスニング	合計
速読（N＝67）	.494	.473	.513
絵描写［総語数］（N＝68）	.316	.528	.379
絵描写［1文の平均語数］（N＝68）	.539	.449	.544
和文英訳（N＝68）	.448	.461	.472
リスニング（N＝70）	.273	.428	.320
ディクテーション（N＝64）	.700	.822	.759

　表2が示すように，中学英語定着テストの結果と大学入試センター試験の得点の間には，中〜高程度の相関が見られました[3]。つまり，高校3年の5月〜7月の時点での中学英語の定着度合いが，翌年1月のセンター試験の得点と無関係ではなく，むしろ，中学英語の定着度合いが高いほど，センター試験の得点も高い傾向が確認されました。

1　ピアソンの積率相関係数
2　関東甲信越英語教育学会研究推進委員会（2018）のデータを一部修正・加筆し掲載。有意確率はすべて p ＜ .05。
3　相関係数は−1から1の間の値を取り，数値が1に近づくほど2つの変数の間に強い正比例の関係があると見なされる。

　特に注目すべきはディクテーションテストとセンター試験の関係で，センター試験筆記との相関がr＝.700，リスニングとの相関がr＝.822，合計点との相関がr＝.759とあるように，5種類の中学英語定着テストの中で最もセンター試験の得点との相関が高かったのです。ここで読者の皆さんに，前節でご紹介したディクテーションテストの形式を思い出していただきたいと思います。このテストでは，英文を2回聞いた後，電子音が4回鳴り終わった後に英文を書く形式が採用されました。英文が聞こえてすぐに書き取ることができないため，生徒は英文を単なる「耳コピ」によってすべて覚えておくことは不可能に近いです。英文を再生するためには，英文の内容を（多くの場合，日本語で）理解し，それを電子音が鳴り終わるまで保持した上で，自分が持っている語彙や文法知識を使って再生することが求められます。つまり，中学英語の基本文を素早く処理し，自分が持っている語彙や文法などの知識を総動員して英文を再構築するという点で，英語の総合力のようなものを測っていると言えます。今回の調査で，このディクテーションテストとセンター試験の間に，他の定着テストよりも高い相関が見てとれたことは，ディクテーションテストが測っているような「中学英語をある程度のスピードを伴って使いこなす能力」が，大学入試に必要な英語力と無関係ではなく，むしろ下支えになっている可能性を示唆しています。

　さらに興味深いのは，絵描写テストにおける1文あたりの平均語数が，ディクテーションテストに次いでセンター試験との関係性が強いという点です（センター試験筆記との相関係数：r＝.539，リスニングとの相関係数：r＝.449，合計点との相関係数：r＝.544）。絵描写テストでは，ある街でたくさんの人々がいろいろな動作をしている様子を描いた1コマの絵を見て，その絵を見ていない人に情景が伝わるように，5分間にできるだけ多くの英文を書くことが求められていました。絵に描かれている情景は，中学英語で表現できる範疇のものがほとんどでしたが，それをより長い英文で表現することができる高校生が，センター試験でより高い得点を取ることができたということです。

　具体的にイメージしやすいように，センター試験の結果が比較的高得点だった生徒Aと，そうではなかった生徒Bの絵描写テストの答案を示します。なお，スペリングや文法のミスは修正せずそのまま掲載しています。

表3　センター試験と絵描写テストの結果（原文まま）

生徒A

センター試験	・筆記 188 点／200 点満点 ・リスニング 38 点／50 点満点 ・合計 180.8 点／200 点満点換算
絵描写テストの結果	・総語数：45 語 ・文構造・語順に間違いがない英文の数：5 文 ・1 文あたりの平均語数：9 語
絵描写テストの答案	The woman having the luggage seems to be going to 　go shopping. The girl is having an apple in front of the shop. The man is sleeping on bench. The boy goes up stairs to use computers. The man riding on the bike is singing.

生徒B

センター試験	・筆記 64 点／200 点満点 ・リスニング 18 点／50 点満点 ・合計 65.6 点／200 点満点換算
絵描写テストの結果	・総語数：57 語 ・文構造・語順に間違いがない英文の数：9 文 ・1 文あたりの平均語数：5.56 語
絵描写テストの答案	The girl is eating an apple. The women go to the shoping. The men ride on bicical. The men ride on bick. The grandmother wear grassis. *The grandfather in front of bus stop. （非文） The men go out of bus. The men think of food. The woman & man go out of stor. The boy think of computer.

　金谷（編）（2017）でも，絵描写テストにおける 1 文あたりの語数の分析が行われていて，上位校と下位校の生徒が書いた英文の長さを比較しています（p. 124）。結果は，上位校の生徒が書いた英文の長さが平均 7 語程度であったのに対し，下位校の生徒の場合は平均 5 語程度でした。このことは，偏差値が高い（＝英語力が高い）生徒は，より長い英文を書くことができるということを示唆していて，今回のセンター試験との比較においても同様の傾向が確認されたことになります。つまり，絵描写テストのよう

なタスクにおいて，長い英文を書く力というのは，センター試験の結果
（生徒の英語力）をある程度は反映していると言えます。この結果は，大学
入試における中学英語定着の重要性を考える際には，総語数に代表される
ような「制限時間内にどれだけ多く書けるか」という観点だけでなく，
「どれだけ長い英文が書けるか」という観点も忘れてはいけないというこ
とを示唆しています。

3.2 中学英語と大学入学共通テストとの関係性

　令和3（2021）年度の大学入学者選抜から，センター試験に代わって共
通テストが実施されることになりました。外国語（英語）の科目編成が
「リーディング」と「リスニング」になり，それぞれの配点は100点満点
です。センター試験の「筆記」にあった発音・アクセントや語彙・文法の
知識を問う独立問題が，共通テストの「リーディング」では出題されなく
なり，「リスニング」では，音声が1回しか流れない問題が出題されるよ
うになりました。つまり，より実生活での英語使用を意識した問題構成，
出題形式へと変化したのです。

　2017年の調査に引き続いて，中学英語の定着度合いと共通テストとの
関係性を調べるために，同じ協力校に在籍する高校3年生約70名に，
2022年5月〜6月の間に，Sherpa中学英語定着テストを受けてもらい，
同じ生徒たちが翌年1月に受験した共通テスト（英語）の自己採点結果と
の関係性を調べました。

　この高校での英語の授業形態は，2017年の調査当時から大きな変化は
なく，予習の指示から復習としての穴あきディクテーションテストの実施
まで，前述した内容が踏襲されていました。

　まず，中学英語定着テストの結果を次ページの表4に示します。中学英
語定着テストの結果は，2017年のときのもの（表1参照）とほぼ変わりま
せんでした。また，共通テストの結果も2017年の調査時のセンター試験
の結果と大差はなく，同程度の英語力の生徒が在籍していると言えます
（リーディング（N=71）：平均点57.06，標準偏差16.52；リスニング（N=
71）：平均点63.00，標準偏差16.18；合計（N=71）：平均点120.06，標準偏差
30.06）。では，中学英語定着テストの結果は，共通テストの結果とどの程

表4 中学英語定着テストの結果（2022年）

速読 （N＝65）	平均 WPM	91.74 語（SD＝33.54）
絵描写※ （N＝65）	平均総語数 平均文数 1文あたりの平均語数	36.35 語（SD＝18.22） 4.43 文（SD＝2.21） 8.40 語（SD＝2.53）
和文英訳 ［全10問］（N＝69）	平均正答数	3.46 問（SD＝2.44）
リスニング ［16問］（N＝66）	平均正答数	11.35 問（SD＝2.40）
ディクテーション※※ ［全18問］（N＝63）	平均正答数	12.06 問（SD＝4.28）

※：絵描写のデータは，「正しく書けた（＝文構造・語順に間違いがない英文）」のものを使用している。
※※：ディクテーションの平均正答数は，ほぼ正しく書けた英文の数を用いて算出している。

表5 中学英語定着テストと大学共通テストの関係性[4]

	リーディング	リスニング	合計
速読（N＝65）	.375	.439	.444
絵描写［総語数］（N＝65）	.307	.227	.293
絵描写［1文の平均語数］ （N＝65）	.337	.322	.361
和文英訳（N＝69）	.546	.495	.567
リスニング（N＝66）	.462	.459	.502
ディクテーション（N＝63）	.627	.686	.713

度関係があるのでしょうか。関係性の強さを調べるために相関係数[5]を算出しました（表5）。

　表5が示すように，全体の傾向としては2017年度の調査と同様に，中学英語定着テストの結果と共通テストの得点の間には，概ね中〜高程度の相関が見られ，中学英語は大学入試に必要な英語力の基礎になる可能性が今回も示唆されました。

4　有意確率はすべて p ＜ .05
5　ピアソンの積率相関係数

　もう少し詳しく結果を見ていくと，まず，中学英語定着テストの中で共通テストともっとも相関が高かったのはディクテーションテストで，2017年のセンター試験との関係性を調べた調査と同様の結果となりました。これはある意味当然のことです。なぜなら，センター試験も共通テストも，高校までに学んだ内容が身についていれば高得点を取ることができる試験である点は共通しており，そして，ディクテーションテストで測ろうとしている英語力は，中学英語の基本文を素早く処理し，既存の知識を活用して，英文を再構築する力であり，この力が高校以降の英語学習の土台となることは，年月が経とうとも変わることのない事実です。このように，2017年および2022年の2つの調査結果から，センター試験が共通テストに変わったからといって，大学入試に求められる英語力を下支えしているのが中学英語を使いこなせる力であることには変わりがないということが示唆されました。

　続いて，2017年と2022年の調査で算出した相関係数を，統計的手法[6]を用いて比較したところ，ほぼすべての相関係数に有意な差はなく，相関係数が有意に下がった唯一の項目は，「共通テストのリスニングと絵描写テストの総語数」でした（2017年度：r=.528，2022年度：r=.227，p=.045）。この理由は今回の調査で集めたデータからは明らかにできませんでした。また，統計的な有意差は確認されなかったものの，絵描写テストの「1文あたりの平均語数」についても，センター試験と比べて共通テストとの相関係数が小さくなっていることから，今後，より多くの協力者を対象とした追研究を行い，絵描写テストで測ろうとしている中学英語レベルの産出力と共通テストのリスニングで測ろうとしている英語力との関係性について，再検証する必要があります。

3.3　まとめ

　本節では，「中学英語を使いこなす力」と「大学入試で求められている英語力」との関係性を調べた2つの調査結果を紹介しました。1つ目の調査ではSherpaプロジェクトの中学英語定着テストとセンター試験の関係

6　相関係数をZ値変換した値を用いた差の検定

性を調べ，2つ目の調査では同テストと共通テストの関係性を調べました。2つの結果が示唆することをまとめると次のようになります。

> ●中学英語の定着度合いが高い高校生は，センター試験および共通テストで，より高い得点を取る傾向がある。
> ●中学英語を使いこなせる力は，大学入試の下支えになる。

　前節でも紹介したように，多くの生徒は中学英語を自由に使える状態までは身につけずに高校に入学してきます。高校で新たに導入される文法事項の多くが中学英語を土台としていることから，高校において中学英語の定着を目指した指導を優先すべきであることは疑いの余地はありません。さらに本節で紹介した調査結果から，中学英語の定着が大学入試と無関係ではなく，むしろ下支えになっている可能性が示されたことから，高校における中学英語の定着を目指した指導の必要性がより一層示唆される結果となりました。

　最後に，本節冒頭で紹介した高校の先生方からの質問を再掲し，それに答えることで本節の結びとしたいと思います。

　質問：高校生が中学英語を使いこなせていないこと，そして，だからこそ高校で中学英語のさらなる定着を目指した指導が必要だということはわかりました。でも，それで大学入試は大丈夫なのでしょうか？

　答え：はい，大丈夫です。むしろ高校で中学英語のさらなる定着を目指すことが，大学入試を突破するための近道になります。

第 3 章
ギャップ解消の取り組み

1 改善策の方向性

　中高ギャップ解消のためには，「適切な教材」，「繰り返し」それに「使わせる」の3つが必要不可欠です。この章では実際に試された改善策を紹介します。それぞれの大まかな方向性は以下の通りです。

（1）捨てる

　教材の分量をあらかじめ少なくすることにより，選択した範囲の教材を「繰り返し」「使わせる」ことができます。教科書のレッスンの扱いに濃淡をつける TANABU Model（青森県立田名部高校）がこれにあたります。

（2）易しくする

　教科書本文の簡易版（Shortened Version，以下 SV）を作り，利用するというアイディアが三本木メソッド（青森県立三本木高校）です。
　教科書の指導書などに掲載されている既製のサマリーも難易度が適切であれば使い，そうでない場合は先生方が作ります。

（3）繰り返す

　以上の2つは，教材についての工夫ですが，以下はその使い方についての方向性です。最初に，適切な教材を選択した上で，その教材をさまざまな方法で繰り返し使わせることが大切であると述べました。その繰り返しについての工夫です。
　まず，間隔をおいて，既習の文章を復習発展させるという方式です。言わば interval training です。この例が，山形スピークアウト方式で，学校設定科目を作って取り組んだ山形県立鶴岡中央高校，夏休みの講習などを使って繰り返した山形西高校などがあります。

（4）ラウンドで繰り返す

　さらに，年に何回も教科書を繰り返して使う，ラウンドシステムを実践している事例もあります。横浜市立南高校や高知県立中村高校がそれにあたります。

これらの高校では，教科書全体を5回（ないし3回）繰り返したり，教科書を前後半に2分して5回ずつ繰り返す，など様々な形式が試みられています。

（5）併せる

科目を併せるという発想もあります。高校の英語教育の一種の欠点は，科目に分けるため，1つひとつに割ける時間数が少なくなることです。細切れの授業では，生徒に英語を繰り返し使わせることが難しくなります。

コミュニケーション英語（現行課程なら英語コミュニケーション）と英語表現（同じく論理・表現）を併せ，1つの科目のようにして扱うことにより，これを解決しようとしたのが山形県立新庄北高校のKitaComです。

英語を使わせるにはインプットが必要ですが，表現系の科目は2単位ぐらいと少ない状態が続いて来ました。このような時間配分だと，インプットだけで授業時間を使い切ってしまい，肝心の表現（アウトプット）ができません。そこでコミュニケーション系の科目をインプットとして使い，それを表現系科目で受けてアウトプットを行うわけです。

（6）特別プログラムを作る

ここまでは，高校の教材を使っての実践ですが，中学英語で中高ギャップ解消を図る取り組みもあります。埼玉県北部県立高校5校の研究会（SN5: Saitama North 5）で考案され，熊谷女子高校などで実践されたコアラ（Core Learning）がその例です。

中高ギャップ解消のための3つの要素（適切な教材，時間の捻出，英語の繰り返し使用）が全部含まれている中学英語の筋トレのようなものです。これ以外の取り組みとの方向性の違いは，高校の教材を用いての工夫ではなく，中学レベルの教材を使った特別プログラムであるという点です。

コアラの発展系としては，中高ブリッジとして用いる埼玉県立不動岡高校（不動のブリッジ），英語表現の中身をコアラに置き換えてしまった静岡県立浜松湖南高校の取り組みなどがあります。

以下のセクションでは，ここに挙げたギャップ解消の方向性に従った，さまざまな具体的取り組みについて解説します。

② TANABU Model ── 捨てる

　TANABU Model とは，教科書に基づいて英語で授業を行い，アウトプット活動を通じて英語の基礎を定着させるために，レッスンの扱いに軽重をつけ，場合によってはレッスンそのものを扱わない（捨てる）ことも視野に入れた持続可能な「コミュニケーション英語」の授業モデルです。

（1）教科書の扱いを変えて生徒が英語を使う時間を捻出

　英語の基礎を定着させるにはアウトプット活動が不可欠です。TANABU Model を始める前は教科書の内容理解まででレッスンを終えていましたが，授業内でアウトプット活動まで行うとなると 1 つのレッスンにかかる時間が長くなります。このようなスタイルで教科書のすべてのレッスンを 1 年で終わらせるにはとても時間が足りないため，TANABU Model 開始当初はアウトプット活動まで行うレッスンと，理解に留めアウトプット活動を求めない "捨てる" レッスンを設け，4 つのパターンで授業をしていました。

表1　TANABU Model 開始当初の 4 パターン（2013 年度）

パターン	コース名	特徴	1 レッスンの授業時間
A	超こってり	パフォーマンステストで終える	15 時間
B	こってり	リテリングで終える	12 時間
C	あっさり	リスニングに特化した授業	4 時間
D	超あっさり	読解力診断テスト	2 時間

※難易度の高い教科書を使用

　表1をご覧ください。2013 年度の TANABU Model はアウトプット活動を行う「パターン A：超こってりコース」と「パターン B：こってりコース」，行わない「パターン C：あっさりコース」と「パターン D：超あっさりコース」の 4 コースありました。パターン A では，最終タスクとしてパフォーマンステストを行い，1 レッスンに 15 時間かけていました。パターン B では，最終タスクとしてリテリングを行い，1 レッスンに 12

時間かけていました。これに対して，パターンCでは，リスニングにより教科書を理解し音読するだけの4時間で1レッスンを終え，パターンDでは，教科書本文を初見のテストの本文として扱い，2時間で1レッスンを終えるものでした。当然ながら，アウトプット活動を行わないパターンCとパターンDでは，学んだ表現を定着させることはできませんでした。

　2013年からの3年間は，TANABU Model の汎用性を確かめるために同じ教科書を使わず，別の出版社の難易度の高い教科書を使いました。どの教科書でも TANABU Model を実施できることは確認しましたが，生徒の学力層が広い本校においては内容理解が不十分な生徒も多く，授業の効果が得られないのではないかという助言をいただきました。議論を重ね最終的に教科書は生徒のアウトプットのモデルとして適切なレベルのものを選定しようということになりました。また，アウトプット活動を通じて英語の基礎を定着させるという TANABU Model 本来の目的に立ち返り，2017年度の入学生から教科書の難易度を下げると同時にパターンD（超あっさり）を廃止しました。さらに，2021年度の入学生からはパターンC（あっさり）を廃止し，パターンA（超こってり）とパターンB（こってり）で授業を行っています（表2・3参照）

表2　TANABU Model（2021年度～現在）

パターン	コース名	特徴	1レッスンの授業時間
A	超こってり	パフォーマンステストで終える	15時間
B	こってり	リテリングで終える	12時間

※難易度を下げた教科書を使用

表3　英語コミュニケーションⅠの授業パターンと実施時期（2022年度）

Lesson	Title	パターン	実施時期
1	#Share Your World	B	1学期
2	I Was Drinking Chocolate!	B	1学期
3	Inspiration on the Ice	A	1学期
4	Esports' Time Has Arrived	B	2学期

Lesson	Title	パターン	実施時期
5	Mansai, Kyogen Performer	A	2学期
6	In this Corner of the World	B	2学期
7	Should Stores Stay Open for 24 Hours?	B	2学期
8	Our Future with Artificial Intelligence	B	3学期
9	Stop Microplastic Pollution	B	3学期

※パターンA：教科書を理解した後にパフォーマンステストを実施
　パターンB：教科書を理解した後にリテリングを実施

（2）空いた時間でどのように繰り返して使わせているのか

　TANABU Model の授業ではワークシートを使い，多様なアクティビティで教科書の英文に何度も触れ，英語の基礎定着を図っています。各コースで使用するワークシートは以下の通りです（表4，QRコード参照）。

表4　TANABU Model で使用するワークシート

ワークシートの名称	パターンA 超こってりコース 15時間	パターンB こってりコース 12時間
❶ Paragraph chart	○	○
❷ Summary sheet	○	○
❸ Comprehension sheet	○	○
❹ Vocabulary scanning sheet	○	○
❺ Reading practice sheet	○	○
❻ Dictation sheet		○
❼ Retelling sheet		○

※この他にパターンAではパフォーマンステスト用のワークシートがあります。

▶ パターンB【こってりコース】12時間リテリング

　このコースは7つのワークシートを使い，パートごとにリテリング活動まで行います。1つのパートを終えるのに3時間かかりますので，4つのパートからなる1レッスンの場合12時間で終了します。

【1時間目】

1 Paragraph chart：目的は，英語が苦手な生徒でも取り組めるトップダウンの理解

・Paragraph chart を完成（辞書使用不可）
・完成したチャートをペアで確認
・クラス全体で確認

2 Summary sheet：目的は，知っている単語をもとにストーリーを推測しながら読む力の向上（推測によるサマリーなので完璧さを求めない）

・本文の内容を 100 字程度の日本語でまとめる（辞書使用不可）
・4 人グループでサマリーを共有
・クラス全体で共有

3 Comprehension sheet：目的は本文の内容理解

・個人単位で英問英答（辞書使用可）
・ペアで答えを確認
・指名されたペアで問題と答えを板書
・指名された別のペアが，板書された答えを添削
・クラス全体で板書された答えを確認

【2時間目】

4 Vocabulary scanning sheet：目的は，チャンク（意味のかたまり）で前から英語を処理する力の向上

・与えられた日本語と語数を見て該当する英語の表現を抜き出す
・生徒同士で答えを確認
・クラス全体で答えを確認
・語彙定着活動

5 Reading practice sheet：目的は，英語の構造や文法，音声とその意味を結びつけ，インテイクを図ること

・音読練習（※ S は生徒 1 人，Ss は全生徒，T は教師）
　リピーティング（T/Ss），日英リピーティング（T/Ss），ペアでリピーティング（S/S），オーバーラッピング（T/Ss），Back to Back（S/S），

最速読みで競争（Ss），Crazy Reading（最速バージョン，緩急バージョン）（T/Ss），シャドーイング（T/Ss, S/S），Site Translation（英日，日英）（S/S），同時通訳（S/S）など

※ Back to Back：背中をつけ，反対方向を向いて，交互に大きな声を出す読み
※ Crazy Reading：声色を変え緩急をつけた読み

【 3 時間目 】

6 Dictation sheet：目的は，テストに向けて教科書を読み込ませ，英語の構造や文法，語彙の定着を図ること
・英文を 2 回聞き，空所を埋める
・生徒同士で採点

7 Retelling sheet：目的は，アウトプットを通じた英語の基礎定着
・10 個のキーワードを使い，口頭で本文の内容を再生（ペアで 3 回）
・10 個のキーワードを使い，書いて本文の内容を再生（個人で 10 分）
・教師に添削して欲しい部分に蛍光ペンを引いて提出
　（教師は蛍光ペンの部分だけ添削し，次の授業で返却）

【 1 時間目の授業手順 】

1 Paragraph chart は生徒各自が辞書を使わずに完成させます。続いてペアでお互いの答えを確認します。ここでは，お互いのワークシートを見せ合わず，口頭で確認させます。次に教師対クラス全体で答えの確認をします。生徒同士の答えの確認と同じ要領で行い，答えは板書しません。

2 Summary sheet では，辞書を使わずに 100 字程度の日本語でサマリーを完成させます。この段階ではまだ本文の内容を理解していませんので，完璧なサマリーは求めません。ここでの活動の目的は「知っている単語をもとにストーリーを推測しながら，読む力の向上を図ること」です。続いて，4 人 1 グループで各自のサマリーを口頭で共有します。この活動を通じて自分自身の内容の理解度とグループの他のメンバーの理解度の違いに気づき，自発的に教科書に戻って内容を確認したり，他の生徒に英文の意味を確認したりしています。最後に，クラス全体での何名かの生徒のサマリーを共有します。

3 Comprehension sheet で本文の内容理解を図ります。与えられた英語の質問に英語で答える形式です。解答が終わったらペアで答えを確認し

合います。片方の生徒がワークシートに書かれてある質問を読み，もう片方の生徒はその質問に対する自分の解答を読みます。お互いの答えが合わないときは，教師が指示を出さなくても教科書に戻って確認しています。順番を適宜替えながらすべての質問の答えを確認します。この確認作業が終わったら，指名されたペアが質問とその答えを板書し，指名された別のペアがその答えを添削します。

　クラス全体での答えの確認は，教師が板書された質問を読み，クラス全体で板書された答えを読みます。その答えが正しいかどうかを考えさせ，間違っている場合には生徒自身が間違いに気づくような質問を投げかけていきます。教師はただワークシートの質問に英語で答えさせるだけでなく，本文の内容理解が深まるような質問を付け加えて理解を深めていきます。

【2時間目の授業手順】

　教科書を見ながら，**4** Vocabulary scanning sheet に書かれた「日本語」と「語数」を見て，該当する英語の表現をできるだけ速いスピードで抜き出します。答え合わせはペアで行います。まず，片方の生徒が日本語を読み，もう片方の生徒は日本語に該当する抜き出した英語の表現を口頭で述べます。表現5つ程度で役割を替えるように伝え，生徒同士の答え合わせが終わったら，教師とクラス全体で答えの確認をします。要領は生徒同士の確認と同じです。生徒の発音をよく聞いて，きちんと発音できていない部分は正しい発音を引き出し，リピーティングで正しい発音を練習します。

　一通り答えを確認した後は，生徒同士のボキャブラリー定着活動です。ペアで日本語から英語へ，英語から日本語へ，答える生徒がワークシートを見ないで聞いた英語を日本語に変換，答える生徒がワークシートを見ないで聞いた日本語を英語に変換する等の活動を行います。

　5 Reading practice sheet を使い，音読練習をします。音読を繰り返す中で，英語の構造や文法，音声とその意味を結びつけ，インテイクを図ることが狙いです。50分授業の30分程度生徒を飽きさせないように多種多様な音読練習をします。音読練習の順番に決まりはなく，生徒の様子を観察し，楽しませながら次々に音読練習を展開します。

6 Dictation sheet を使いディクテーションテストを行います。Dictation sheet と名付けていますが，目的はリスニングやスペリングの能力を測ることではなく，このテストに向けて教科書を読み込ませ，英語の構造や文法，語彙の定着を図ることにあります。CD を2回聞きワークシートの空所を埋めていきます。採点はペアで交換し教科書を見ながら行います。

7 Retelling sheet では，与えられた10個のキーワードを使い本文の内容を再生します。

ペアで30〜60秒程度ごとに交代し，1つのストーリーを口頭で再生します。ペアを3回替えて同じ活動を繰り返す中で流暢さが増し，再生時間が短くなっていきます。前の相手が使った表現を次のペアで借用する姿も見られます。

続いて個人で10分間，ワークシートに英文を書いて再生します。書き終えたら，キーワードを○で囲み，使用したキーワードの数と再生した英文の総単語数を数えてワークシートに記入します。自分の表現に自信が持てず教師に添削して欲しい部分があれば，その部分に蛍光ペンを引いて提出します。

生徒の再生した英文はミステイクだらけですが，生徒が蛍光ペンでなぞったところ以外は添削しません。「教師が熱心に添削すればするほど，生徒の学習意欲が低下する」という金谷氏から教わった「添削のパラドックスの法則」を考慮して，生徒が知りたいと欲している部分だけピンポイントで添削しています。

▶ パターンA【超こってりコース】パフォーマンステスト

パターンAの概要

【1〜8時間目】
・**1** Paragraph chart 〜 **5** Reading practice sheet はパターンBと同じ扱い

【9時間目】
・パフォーマンステストの説明とシナリオ作成開始

【10時間目】
・ペア（1年）またはチーム（2年）でシナリオ作成

50

【11 時間目】

・ペア（1年）またはチーム（2年）で練習＋ 1st Draft 提出

【12 時間目】

・シナリオ改善＋ペア（1年）またはチーム（2年）で練習

【13 時間目】

・リハーサル

【14・15 時間目】

・パフォーマンステスト本番

表 5　各学年でのパフォーマンステストの内容

学年	形式（人数）	内容
1	ロールプレイ （2人）	教科書の登場人物をスタジオに招き，司会者とゲスト役でインタビューを実施
2	ディベート （1チーム4人）	教科書の内容に関連したクリティカルなテーマを設定してディベートを実施
3	ディスカッション （4人）	教科書の内容に関連したテーマを設定し，与えられた役割でディスカッションを実施

【1 〜 8 時間目の授業の流れ】

　「パターン B：こってりコース」の【1時間目】と【2時間目】と同じ授業手順で，**1** Paragraph chart 〜**5** Reading practice sheet まで終えます。1つのパートに2時間かけ，4つのパートから成る1レッスンを計8時間で内容理解まで終えます。1年ではペアでトークショー（ロールプレイ），2年では4人1チームでディベートを行います。

1 年「トークショー」の場合

【9 時間目の授業手順】

　ワークシート "How to Interview", "Interview Evaluation", "Writing Scenario", "Interview Scenario"（QR コードを参照）を配付しパフォーマンステストの流れを理解させます。

　"How to Interview" の指示にしたがって，ペアで教科書の登場人物への質問を考え，これはと思う質問を1つに絞り板書します。40人のクラスであれば20の質問が板書され，投票で5つの質問に絞ります。5つの

質問が決まれば，ペアでシナリオ作成を開始します。

【10 時間目】

ペアでシナリオ"Interview Scenario"の作成を行います。

【11 時間目】

ペアでシナリオを完成させ，1st Draft を提出します。

【12 時間目】

教師は 1st Draft の添削を返却します。コミュニケーション上意味が通じないような Global Error は添削しますが，意思の疎通に支障のないようなミステイクには触れません。

【13 時間目】

ペアの相手を替えて時間の許す限りリハーサルを行います。練習を繰り返すことで，流暢になり自信がついてきます。

【14 時間目】

パフォーマンステスト前半では，クラスの半数である 10 ペア 20 人のパフォーマンステストを行います。

【15 時間目】

パフォーマンステスト後半では，残りの 10 ペア 20 人のパフォーマンステストを行います。

2 年「ディベート」の場合

【9 時間目】

"Debate Preparation Sheet 1"，"Preparation Sheet 2"，"How to Debate"，"How to Judge"，"Debate 進行表"（QR コード参照）を配付し，パフォーマンステストの流れを説明します。教科書の内容に関連したクリティカルなテーマを設定します。

ディベートは 4 人 1 チーム，40 人クラスであれば 10 チームできます。各チームが肯定側，否定側のどちらの立場を取りたいか希望を募り，5 チームが肯定側，5 チームが否定側になるように調整します。調整が終わったら，"Debate preparation sheet 1"を使って，各自のディベートにおける役割を決め，チームの主張とそれをサポートする英文を 4 つ考えます。次に"Debate preparation sheet 2"を使って，相手が言ってくるかもしれ

ないポイントとそれをサポートする英文を考え，それに対してどう反論するか考え英文にしていきます。

以上の作業を終えたら，"How to Debate" を参考にして各自の役割に基づいてシナリオを作成します。

【10時間目】

各チームでシナリオ作成を続けます。

【11時間目】

各チームでシナリオを完成し提出します。

【12時間目】

教員の添削を参考に，各チームで練習しながらシナリオを改善します。

【13時間目】

教員が司会者とタイムキーパーを務め，リハーサルを2回行います。すべてのチームが一斉に行いますので，5つのディベートが教室で行われている状況です。1回目のリハーサルの後に，うまくいかなかった部分を改善してから，2回目のリハーサルを行います。

【14時間目】

本番の1回目と2回目を行います。教員はリハーサルで対戦したチームが本番で当たることがないように，対戦相手をあらかじめ決めておきます。本番では司会とタイムキーパーは対戦していないチームから出し，「Debate 進行表」を見ながら進行します。

【15時間目】

本番の3回，4回，5回を行います。1つのディベートは12分で終了しますが，教員のコメントや生徒の準備時間なども考えると15分程度かかります。1時間で3つの対戦を行いますので，速やかに開始できるように指示しておきます。

3年「ディスカッション」の場合

コミュニケーション英語Ⅲの授業も TANABU Model で進めています。教科書の1レッスンは4つのパートから成り立っていないものも多いですが，内容理解を**1** Paragraph chart 〜**5** Reading practice sheet まで8時間で終えたとしてディスカッションの説明をします。

ディスカッションは4人1グループで行います。教科書に出てきた登場人物に加え，議論が深まりそうな3名の人物を設定しておき，グループ内で担当を決め，各自の担当に基づいて"Discussion"のワークシート（QRコード参照）を使い，主張するポイントを作成します。作成にあたっては，教科書の内容に加え，インターネットで検索して考えることも可能です。教師が司会役となりディスカッションをシミュレーションし全体の流れを把握させます。

4人のうち1人が司会を兼ね「Moderatorの定形表現例」を見ながらディスカッションを進行します。ディスカッションは順番にI. Presentation session，II. Q & A session，III. Discussion sessionの3つのセッションで行います。メンバーを入れ替え，新しいメンバーで3回実施します。

※40人のクラスであれば，10グループが一斉にディスカッションを行います。3年もこのディスカッションをパフォーマンステストと呼んでいますが，授業の延長で簡単にできるアクティビティです。

（3）生徒・教師の変容

2013年度より10年間にわたって，アウトプット活動で英語の基礎を定着させる授業を続けてきました。大きな変化は教科書の難易度を下げて，アウトプット活動のないコースを廃止したことです（表6参照）。成績の推移に関してGTECのスコアで見ると，全国的に伸びが顕著であった1期生や2期生と比較して，その後も同等あるいはそれ以上の伸びを続けています（表7参照）。

表6　TANABU Model 10年間の変遷

2013年	文部科学省拠点校事業開始（前新課程開始）
2014年	全英連秋田大会でTANABU Model発表（パターンA, B, C & D）
2015年	TANABU Model 1期生 GTEC伸び全国3位※
2016年	TANABU Model 2期生 GTEC伸び全国2位※
2017年	難易度の高い教科書から「標準的な教科書」に変更

		パターン D 超あっさりコース（2時間）廃止
2021 年		パターン C あっさりコース（4時間）廃止
2022 年		TANABU Model 2022（新課程開始）Pattern A & B

※「GTEC のスコアが伸びた学校の研究」（ベネッセコーポレーション 2016）

表7　GTEC スコアの伸び幅の推移

入学年度	期生	GTEC 技能数	スコアの伸び幅	備考
2013	1 期生	3 技能	全国 3 位	
2014	2 期生	3 技能	全国 2 位	
2017	5 期生	3 → 4 技能	1・2 期生と同等	※ Benesse 調べ
2018	6 期生	4 技能	1・2 期生より大	※ Benesse 調べ
2020	8 期生	4 技能	6 期生より大	3 年間コロナ禍

※ 2017 年度入学生の途中から 3 技能から 4 技能に増やし，スコアの基準も変わったのでベネッセコーポレーションに比較を依頼

　英語が苦手な生徒でもアウトプット活動に継続的に取り組むため，コミュニケーション能力が伸びていきます。以前は英語が得意ではなかったけれど，高校に入学して英語が好きになったと話す生徒が増えました。GTEC の分析でも成績上位・中位・下位の生徒がそれぞれ成績を伸ばしていることがわかっており，このような伸びは英検二次試験の面接練習や英語表現の自由英作文でよく見られます。授業とは違う「目標」・「場面」・「状況」においても過去に授業で身につけた表現を使おうとする生徒が増え，アウトプット活動により教科書で学んだ英語の基礎が定着してくる様子が観察できます。TANABU Model で学び卒業した大学生へのアンケート調査でも，大学の英語のディスカッションやレポートでも困らないという声が聞かれます。地元の国立大学教育学部の先生からは，パブリックスピーキングをさせた際に，本校卒業生のパフォーマンスが他と違っており，どのような授業をしているのか知りたいという問い合わせがありました。

　TANABU Model を導入してからの教員の変化としては，同僚性の向上が挙げられます。ワークシート作成や授業での教員間の連携が不可欠になり，どの時点でどう指導するかの共通理解ができるようになったと話す教員もおります。また，授業開きの前にあらかじめ教科書を通読し，1 年間

を見通して扱うレッスンの順番やパターンを決めているため，余裕を持って教材研究に取り組めるようになったという声も聞かれます。

　授業については，取り扱うレッスンに応じてパターンが違うことや，1つのパートを扱う際にも個人やペア，グループワークがあり活動にメリハリがあるので，生徒が飽きずに積極的に授業に取り組んでおり，授業をするのが楽しくなったと話す同僚が増えました。

（4）課題解決に向けた取り組み

　TANABU Model を開始した 2013 年度以降，年に 3 回研究会を行い東京学芸大学名誉教授の金谷氏から助言をいただいています。取り組みの成果とそれ以上に多くの課題を共有し改善方法を模索してきました。例えば，難易度の高い教科書では内容理解にかかる負担が大き過ぎ，効果的なアウトプット活動が行えないという課題がありました。その結果，2017 年度からは生徒のアウトプットのモデルとして適切なレベルの英文で書かれたものを選ぶことになり，教科書の難易度を標準的なものに下げました。また，パターン C とパターン D で扱ったレッスンの定着率が悪いことから，これらのパターンを廃止しました。

　評価について，TANABU Model の授業にはどのような定期考査が妥当なのか何度も検討しました。今では定期考査が終わるごとに教科会議で作題の意図や得点状況を共有する習慣が確立されました。語彙や文法の扱い方についても検討を重ねました。

　大学入試問題の分析結果から，教科書の語彙や文法が定着していれば，ほとんどの大学入試問題に対応できると知り，まずは教科書語彙や文法を定着させることを第 1 の目標としてアウトプット活動を繰り返しています。

　2022 年度末時点では，2 年生のパフォーマンステストであるディベートの効果について検証が必要になっています。このように TANABU Model の成果と課題を共有し助言をいただく機会を年に 3 回持てていることが，授業改善の意識を持続させるために大きな役割を果たしています。

3 三本木メソッド —— 易しくする

3.1 三本木メソッドの概要

（1）「短く」して「易しく」する

　ここで紹介するのは，英語コミュニケーション（英コミュ）の教科書本文の Shortened Version（縮約版，以下 SV）でレッスンをスタートさせ，早い段階から使う練習を取り入れて，教科書本文へのスムーズな橋渡しを狙う授業モデルです。青森県立三本木高校で開発され「三本木メソッド」と名づけられました。教員間では，2017 年のモデル使用開始以降多くのディスカッションが行われ，現在もアップデートが続けられています（詳細は 3.2 参照）。生徒の学習段階に応じて，各学年で様々なやり方を試したり，教員の裁量で多少の"味付け"もしたりしています。現在の「英コミュ I」の 1 レッスンの扱いは以下の通りです。

（1 レッスン 12 時間配当とした場合）
- ●「縮約版」でレッスンの概要把握 　　　　　　　　　　　（4 時間）
  　　（Key Phrase Check →音読→リテリング）
- ●本文（全文）の内容理解 　　　　　　　　　　　　　　　（5 時間）
  　　（スキャニング→ T/F → Sentence Hunt →フレーズリーディング）
- ●表現活動
  　　（タイトルつけ→本文リテリング→ペアでのプレゼン） 　（3 時間）

　3.2 で詳細に説明するように，三本木メソッドでは，内容理解から表現活動までを段差なく進められるよう，複数の活動を用意しています。最後に行う発表活動まで，1 つひとつステップを踏んだ設計となっているのです。

　ただし，これらは三本木メソッドの利点ではあっても最大の特徴ではありません。三本木メソッド最大の特徴は「入口を易しくする」ことにあります。従来のような，レッスンの冒頭から教科書本文を使う方法ではなく，Shortened Version という，教科書本文の縮約版でレッスンをスタートし

ます。まず SV で「慣らし」を行い，教科書英文への敷居を下げるのです。これは，生徒が心理的にも分量的にも活動しやすい授業をレッスン前半から展開することを狙いとしています。

(2)「易しく」して「活動」しやすくする

活動しやすいことがなぜ大切なのでしょうか？　それは，活動＝英語を話したり書いたりする場面をたくさん持つことができれば，その分英文が頭に残りやすくなるからです。

三本木メソッドでは，最初の 4 時間でレッスン本文のおよそ 4 分の 1 の長さの縮約版を使い，生徒はその縮約版に色々な形で繰り返し触れることになります。150 語〜200 語の短いパッセージではあるものの，短いからこそ何度も読んだり話したりを繰り返すことができるのです。

4 時間目（縮約版使用の最終回）が終わるまでに縮約版をほぼ頭に残すことができれば，インプットが確実に達成されたことを意味します。英文に一度や二度触れただけでは記憶に留めることは難しいですが，繰り返し触れるからこそ，記憶に残るのです。縮約版という限定的な分量であっても，様々な種類の音読練習やリテリングを経て頭に取り込むことに成功すれば，本文全てを使う 5 時間目以降の授業への橋渡しはスムーズになります。頭に縮約版が入っている状態の方が，予備知識がない状態に比べ，はるかに本文に入りやすくなります。

ここまでをまとめます。縮約版から入ることでまず第 1 時間目の敷居が下がります。そして，縮約版を頭に入れた状態で第 5 時間目の授業に臨むことができれば，そこから使い始める本文への敷居も下がります。「易しく」書き換えたものでレッスンを導入することで，活動をメインとした活動が早い段階から可能となるのです。これこそが三本木メソッドの最大の特徴です。

(3) 三本木メソッドの原点

この，縮約版を利用した三本木メソッドには，授業方法を考案する上でベースとなった授業モデルがあります。それは『高校英語授業を変える！訳読オンリーから抜け出す 3 つのモデル』（金谷憲編著，2011，アルク選書）で Sherpa プロジェクトチームが提案した 3 つの授業モデルの 1 つ「縮約

版を利用した2度読み」（以下，縮約版2度読み）です。

　三本木メソッドは，三本木高校の先生方が生徒の英語力や彼らの大学進学という進路目標を考慮し，「縮約版2度読み」を自校の実態に合わせてカスタマイズして作った授業メソッドです。よって，新たに別の学校で実践する場合，三本木メソッドをそのまま踏襲できるかどうかはわかりません。三本木高校がそうしたように，土台となるコンセプトは活かしつつ，具体的な活動の種類・活動の配置・配当時間の設定等は，生徒の英語力の実態や使用教科書の特徴も見ながら調整していくことになるでしょう。

　そのため，ここからは三本木メソッドの土台である「縮約版2度読み」で提案している授業展開の考え方を見ていきます。

（4）「縮約版2度読み」とは？

　これは，教科書の2パート分を1パート分の長さに短く編集した「縮約版*」を，1回の授業で使って終わりではなく，繰り返して扱うというモデルです（*三本木メソッドでのShortened Versionと同義）。

　従来の授業では，1つのパートを1時間で消化し，次の時間には次パートに移るのが典型的でした。しかし，英文の長さやレベルにもよりますが，そもそもわずか1回の授業で，内容理解と定着活動の両方をカバーするのは難しいことです。仮にその時間内でしっかり理解できたとしても，残り時間でできる活動はごく限られたものになります。

　これを，1回1パートではなく，1回の授業で「2パート」を扱うことにしてみます。そうすれば，次の時間に再び同じ箇所を繰り返しても，計算上授業進度に遅れは生じません。これが「2度読み」の発想です。1時間でそのパートの学習を完結せずにもう1時間をかけることで，英語を使って活動する時間は確実に捻出できます。

　1パート1時間という従来の"常識"にこだわらないことで，「2パート1セット×2時間」が可能となります。その時間だけでなく，次の時間でも同じ箇所を使って授業を展開することができるのです。そうすると，たとえ1時間目は内容理解に留まっても，もう1時間あればその先の定着活動まで進めやすくなります。同じ英文に"漆塗り"のように何度も触れさせることが可能になるというわけです。これにより，2回目の授業が終わ

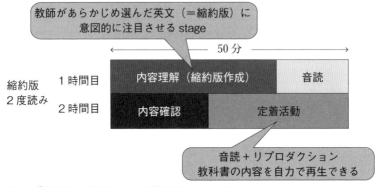

図1 「縮約版 2 度読み」の授業構成イメージ

る頃までに，生徒の頭の中に英語が取り込まれていることが期待できます（図1参照）。

（5）「繰り返し」のために「易しくする」

しかし，使わせることを目的とする場合，必ず本文「全て」を扱う必要があるでしょうか。生徒の意欲や集中力を考えた場合，1回で扱う英文を現実的な分量に絞る方が賢明かもしれません。そこから生まれたのが「縮約版」という発想なのです。

そもそも英語を正しく理解し，それを頭にしみこませるためには，何度もその英語に出会う必要があります。母語習得，あるいは対象とする言語が日常的に使われている場所で生活しながらの外国語習得であれば，環境が言語習得を後押ししてくれるでしょう。たくさんのインプットの中で何度も同じ表現に，そして比較的短いスパンで「再会」するので，自然に身につくことが期待できます。

一方，日本で英語を学ぶ場合の環境は，そういう"自然"環境ではありません。そのため，忘れる前に再会するシチュエーションを意図的に作り出す必要があります。授業での繰り返しはそのための仕掛けです。ただし，繰り返すと言っても，聞いたり読んだりするだけでは記憶には残りづらいですが，活動を通して「使う」ことで頭に入りやすくなるでしょう。そういった繰り返しを無理なく行うために英文の量を最初から限定します，それが縮約版 2 度読みの提案です。

「（分量を）減らす」＝「扱わない文を作る」と学習効果の低下につなが

ってしまわないか，「全部」を学習した学年と同等の学力を担保できない
のではないか，そう考えてしまう先生方も多いでしょう。

　しかし考えてみてください。教科書を全部教えれば，生徒はそのすべて
を吸収してくれるでしょうか？　現実的には，教科書のすべてを扱ったか
らと言って，その全てが生徒の頭に残るわけではありません。「教えた」
＝生徒の「身につく」ではないことは，経験を積んだ教師であれば誰もが
わかります。学ぶことの歩留まりを考えるならば，最初から量を絞り，そ
れを繰り返し触れさせながら頭に残すことを優先するやり方も，十分理に
かなった方法といえるでしょう。

(6)「減らす」と「活動」しやすい

　「縮約版2度読み」の特徴を，以下にもう一度確認します。

　①繰り返しを行う
　②（そのために）すべてを教えることを諦める

　縮約版＝150語程度の短いパッセージを，1回の授業だけでなく次の授
業でも使い，繰り返しを担保します。ただ，繰り返しはここだけではあり
ません。1時間の授業の流れの中でも繰り返しを意識します。授業を通し
て，前半の内容理解（インプット）でも後半の定着活動（インテイク）でも
縮約版を使用することにより，生徒に注目させる英文が最初から最後まで
一貫して縮約版（の中の英文）になります。

　これにより，生徒は，1つ目の活動（例：Key Phrase Check）の段階では
ぼんやりとしか内容をイメージできなくても，次の活動（例：Q＆A／
Sentence Hunt）をする頃にはもう少し具体的に予想できるようになってき
ます。Key Phrase Check で練習した語句が，次の Q＆A や Sentence
Hunt での質問文や答えとなるターゲット文の中に再び現れるので，それ
が理解の手助けとなります。

　このように，特定の英文に目的を変えて繰り返し意識を向けさせる仕掛
けを用意することで，教師の説明や解説なしでも少しずつ理解が進んでい
くことが期待できます。

(7)「易しく」する方法のいろいろ

ここまでの内容を振り返る意味で，このセクションのテーマ「易しく」する方法について，整理してみましょう。

●扱う量を減らす

次の 3.2 で紹介する三本木メソッドはこれを採用しています。

●同じ英文をしつこく繰り返す

ペアの相手を変えるといった生徒に飽きさせない工夫も取り入れつつ，同じ英文を何回も練習することも，活動を「易しく」する方法の１つでしょう。本章で紹介する多くの取り組みに共通する手法です。

●英文を易しく書き換える

三本木メソッドで使用する縮約版は，教科書本文を間引いたものです。英文をさらに平易な文に書き換えているわけではないので，これには該当しません。

●上記 3 つ全部を取り入れる

本章 3.3 で紹介する「米商タイプ」がこの事例にあたります。

なお，上記に挙げたような，英文を間引いたり易しく書き換えたりする作業が大がかりになりそうな場合は，無理に教師の手間を増やすより，採択する教科書レベルを再検討する方が得策でしょう。

(8) 縮約版 2 度読みから三本木メソッドへ

Sherpa プロジェクトチームでは縮約版 2 度読みを提案した当時，教科書本文を「全部扱わない」ことが学習「後退」ではなく学習「促進」につながることを，研修会やセミナーに来ていただいた先生方にどうやって説得するか，いつも考えていました。

私を含むプロジェクトメンバーは全員高校で教えた経験を持っていても，その時点では高校英語指導に直接関わってはいませんでした。セミナーで「実際にこの授業モデルを試しているところはあるのですか？」と尋ねら

れても，「残念ながら（まだ）ありません」と答えるしかありませんでした。その時，授業モデルを実践している高校があったら，もっと説得力が増したでしょう。

しかし，外国語学習のプロセスから考えれば，「使う練習をするために扱う量を絞る」ことは的外れではなく，むしろ有効だという確信がありました。メンバー間では，「コア（＝大事な部分）がきちんと理解できてそれを英語で表現できれば，その知識がその前後（＝間引いた部分）の英文の理解に『じわーっ』と浸透していくはずだ」という考えを共有し，セミナーで質問された時も，そのように回答していました。

その後2017年度に，三本木高校が縮約版2度読みをベースとした授業を試験的に開始し，翌年には学校独自の三本木メソッドの本格的実施となりました。以降，授業モデルの取り組み状況について定期的に報告を受けていますが，先生方の感想の中に，「縮約版（SV）を最初に扱うことで授業に弾みがつく。前半4時間の"貯え"があるから，その後本文にスムーズに入ることができている」というコメントがありました。三本木高校の「三本木メソッド」を使った指導実践と成果が，次のことを証明してくれたと思います。

・縮約版（SV）で教科書の入口のハードルを下げると，本文と生徒の英語力のギャップを埋めやすく，授業がしやすくなる。
・縮約版でコアを先に吸収できれば，その先の活動にも繋げやすい。

次の3.2では「易しく」かつ「活動しやすく」組み立てられた授業モデル「三本木メソッド」の具体的な授業展開について解説します。

3.2 三本木メソッドの実践

（1）三本木メソッド誕生のきっかけ

3.1で紹介された通り，青森県立三本木高校では，「縮約版2度読み」を基に「三本木メソッド」を実践しています。本校は青森県内唯一の公立併設型中高一貫校です。入学時には附属中学からの内部進学生が学年全体の3分の1，高校入試を経て入学してくる生徒が3分の2であり，高校入学時の英語運用能力は様々です。大学進学を目指す生徒が大多数を占める

ため，生徒が自分の将来の目標を意識し，受験に向かって走り出したとき
に必要となる確かな英語力を養成し，その原動力となるエンジンと車軸と
なる部分を授業でしっかりと培っておきたいという思いと必然性がありま
した。

　契機となったのは，平成25（2013）年度文部科学省委託事業「英語によ
るコミュニケーション能力・論理的思考力を強化する指導改善の取組」の
拠点校となったことでした。それまで行われてきた日本語訳読式の授業を
見直し，話し合いを重ね，試行錯誤の末にできあがったのが「三本木メソ
ッド」です。その中核的な役割を果たす Shortened Version の考え方のベ
ースとなったのが，前述のアルク選書『高校英語授業を変える！　訳読オ
ンリーから抜け出す3つのモデル』（金谷憲編著，2011）です。多くの教員
間で意見をまとめ，学校全体で授業改善を進めていく上で，モデルがあっ
たことは大変ありがたく，大きな助けとなりました。試行錯誤を繰り返し，
基本的な三本木メソッドの「型」ができ，現在では高校1学年から3学年
まで全ての学年で行っています。また，中高連携の観点から，附属中学校
でもリテリングを中心として，高校への移行を意識した授業を展開してい
ます。

（2）三本木メソッドと Shortened Version

　三本木メソッドの特徴はレッスンの最初に本文の Shortened Version を
扱うことで，敷居を下げ，生徒が教科書の内容に取り組みやすくしている
点にあります。Shortened Version とは，教科書の英文の一部をそのまま
抜き出し，全体の内容がわかるように作成した本文の要旨です。あるレッ
スンを模式的に示すと，図1を各セクションの本文とした場合，使用する
箇所はアミカケ部分で，本文全体の約4分の1ほどになります（著作権上
の配慮により，本文をぼかしています）。

　p.66の図2が使用するワークシートです。本文全体（730語）のほぼ4
文の1（140語）となっており，最初の4時間で毎時間繰り返し使います。
すらすらと自然に英文が口から流れてくるまで，この英文を徹底的に扱っ
ています。

　指導書などに付属する要約は，教科書の英文を書き直した別の英文が使
われています。ただし，授業で扱う場合，特に英語を苦手とする子どもた

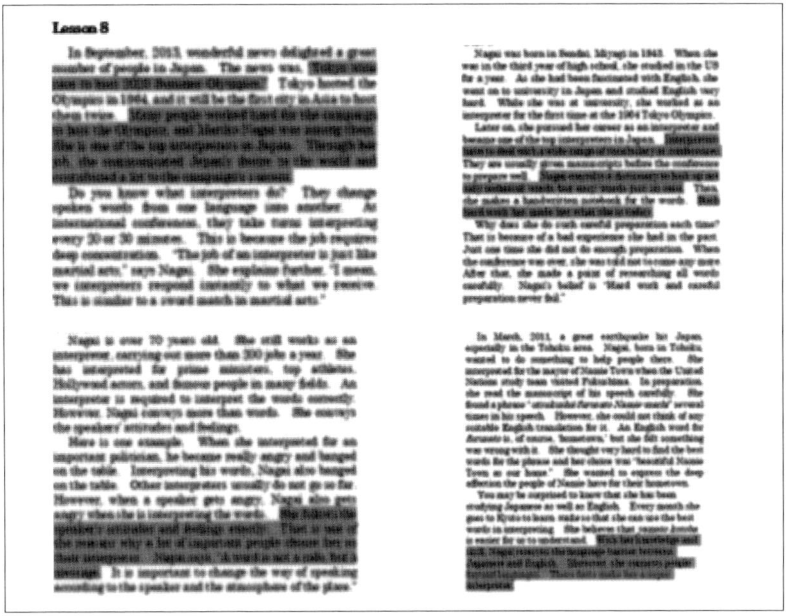

図1　教科書本文のうち縮約版で使用する比率（文中のアミカケ部分）

ちにとっては，それは全く別の英語が目の前に示され，読んで理解しろと
言われているのと同じことであり，教科書の英文とは別に新たな英文を読
むことで負担が増えます。また，別の英文を読んで理解させてから，さら
に教科書本文の英文を読むことは，理解すべき英文が増え，扱う時間が増
えることになります。

　三本木メソッドでは，教科書の英文をとにかく活用して使えるようにし，
生徒の英語力を向上させ，受験に必要な力を育成するという考えが根底に
あります。そこで，教科書本文の英文に学習の焦点がしぼられ，何度もそ
の英文に触れる場面をつくり，繰り返し生徒が使うことによって英文その
ものを取り入れ，最終的に表現活動で使えるようにするために，教科書の
英文そのものを抜き出し，本文全体の概要がつかめる Shortened Version
を作成します。これを各レッスンの最初に取り入れています。生徒はこの
英文を何度も音読し，すらすらと英語が口から流れるようになるまで様々
な活動を行います。レッスンの概要を最初に把握することにより，本文の
内容理解へのハードルも下がり，続く活動に取り組みやすくなります。

Lesson 8　Mariko Nagai, Super Interpreter　　　　　縮約版

☆**1**　縮約版
① "Tokyo wins race to host 2020 Summer Olympics."
② Many people worked hard for the campaign to host the Olympics, and Mariko Nagai was among them.
③ She is one of the top interpreters in Japan.
④ Through her job, she communicated Japan's desire to the world and contributed a lot to the campaign's success.
⑤ She follows the speaker's attitudes and feelings exactly.
⑥ That is one of the reasons why a lot of important people choose her as their interpreter.
⑦ Nagai says, "A word is not a code, but a message."
⑧ Interpreters have to deal with a wide range of vocabulary at conferences.
⑨ Nagai consults a dictionary to look up not only technical words but easy words just in case.
⑩ Such hard work has made her what she is today.
⑪ With her knowledge and skill, Nagai removes the language barrier between Japanese and English.
⑫ Moreover, she connects people beyond languages.
⑬ These facts make her a super interpreter.

- -

①「東京が 2020 年の夏季オリンピックを開催するための競争に勝利しました。」
②多くの人がオリンピックを開催するための活動のために懸命に働きました。そして長井鞠子さんもその中にいました。
③彼女は日本で最高の通訳者のひとりです。
④仕事を通じて、彼女は日本の願望を世界に伝えました。そして活動の成功に多いに貢献しました。
⑤彼女は話し手の態度や感情に厳密にならいます。
⑥これが多くの要人が彼らの通訳者として彼女を選ぶ理由です。
⑦長井さんは言います。「言葉は符号ではなくメッセージです。」
⑧通訳者は広範囲の語彙を会議で使う必要があります。
⑨長井さんは万一に備えて、専門用語だけでなく簡単な単語も辞書でひきます。
⑩そのような厳しい努力が彼女を今日の彼女にしているのです。
⑪その知識と技術で長井さんは日本語と英語の間の言語の壁を取り除きます。
⑫さらに、彼女は言語を越えて人々をつなぎます。
⑬これらの事実が彼女を素晴らしい通訳者にしているのです。

図 2　縮約版のワークシート

(3) 三本木メソッドの進め方

　三本木メソッドでは，予習は課していません。新出単語の意味は前渡ししています。日本語全訳，文法解説は行いません。行う活動（タスク）が決まっており，教師はワークシートに従って，活動を進めていきます。教師の英語での指示で生徒は活動内容を理解し，授業を進めます。それぞれの活動は時間を意識させて，ワークシートには標準時間を記載し，すべての活動をタイマー等を活用し設定した時間内で行っていきます。

　各レッスンでは，最初にレッスン全体の要約となる Shortened Version を扱い，徹底的に音読をして英文を取り込み，すらすらとリテリングできる状態になってから，教科書本文全体の内容理解に進みます。そして，最後にプレゼンテーションなどの表現活動を行います。

> 教科書本文の Shortened Version（縮約版）を用い，Key Phrase Check やシート記載の日本語を使って概要把握をしてから徹底的に音読
>
> 　　　↓
>
> リテリングして取り込み
>
> 　　　↓
>
> 本文全体の読解，内容理解活動
>
> 　　　↓
>
> 最後に本文内容に即した表現活動で総仕上げ
> 受験に必要な知識の定着を図る

　「英語コミュニケーション I」*Landmark English Communication I*（啓林館）Lesson 8 を 12 時間で行う場合，授業計画は以下のようになります。

1	2	3	4	5	6	7	8	9	10	11	12
縮約版 Shortened Version				教科書本文全体					表現活動		
・Key Phrase Check ・様々な音読活動 ・Retelling				Part 1, 2 内容理解		Part 3, 4 内容理解		Listening Dictation 単元テスト	One-minute Presentation		
				・Scanning ・Sentence Hunt ・Homework ・Phrase Reading							

図3　レッスンの授業計画（Lesson 8, 12 時間）

　最初の4時間で縮約版を扱い，次に5時間で教科書の本文全体を扱います。Part 1 と Part 2，Part 3 と Part 4 というように，Part を2つずつまとめて，1つの文章として扱い，内容確認を行います。Part を2つずつまとめることによって，内容理解にかける時間を短縮しています。そのことにより，Shortened Version での音読活動，リテリング，また仕上げの表現活動をする時間を創出し，生徒が英語を活用し話す時間をできるだけ多く

確保することができます。最後に表現活動を3時間で行いますが，表現活動では，本文全体の英文を生徒は再び読み，考え，One-minute Presentation で表現しています。

● Shortened Version を扱う授業：1時間目〜4時間目

【1時間目】

　Shortened Version 本文と Key Phrase Check のワークシートを配布します。タイマーをセットし，時間を決めて（8分），Key Phrase Check の日本語に対応する英語を，指定された語数で Shortened Version から探して抜き出していきます。生徒は日本語をたよりに英文を読んでいくことになります。時間になったら，ペアで英語を読み答え合わせをします。黒板には解答をプロジェクターから投影しておき，必要に応じて確認できるようにしておきます。Key Phrase の確認をした後，Shortened Version を音読し，本文の概要の理解を行います。必要に応じて，生徒は日本語訳を活用しています。

【2時間目，3時間目】

　2時間目，3時間目は Shortened Version の英文を様々なやり方で音読し，頭の中に取り込んでいきます。

　まず，Key Phrase の練習を行います。Key Phrase Check のワークシート（次ページ図4）を縦に半分に折り，ペアで1人が日本語を見て相手が英語を言えたらチェックボックスに印をつけていき，言えない場合はペアがヒントを与え，2人とも終了するまで行います（約10分間）。

　Key Phrase の確認が終わったら，Shortened Version の英文をすらすらと自然に英語が口から流れてくるまで，様々な音読活動をして練習していきます。最初は教師（または ALT の録音音声）に従い発音の確認をし，ペアで一文ずつ速く読みクラスで順位を競う Speed Reading，ペンをシートの上に置き，隠れた箇所を埋めながら読んでいく Pen Reading，Read & Look up をペアで行うなど，とにかく何度も繰り返し音読活動を行います。やり方を変えると生徒は飽きずにゲーム感覚で楽しんで音読を続けます。Key Phrase を日本語にして埋めるようにしたワークシート（Activity Sheet）を使ったり，慣れてきたらワークシートを横に折り，日本語だけを見て英

☆1　縮約版
① "Tokyo wins race to host 2020 Summer Olympics."
② Many people worked hard for the campaign to host the Olympics, and Mariko Nagai was among them.
③ She is one of the top interpreters in Japan.
④ Through her job, she communicated Japan's desire to the world and contributed a lot to the campaign's success.
⑤ She follows the speaker's attitudes and feelings exactly.
⑥ That is one of the reasons why a lot of important people choose her as their interpreter.
⑦ Nagai says, "A word is not a code, but a message."
⑧ Interpreters have to deal with a wide range of vocabulary at conferences.
⑨ Nagai consults a dictionary to look up not only technical words but easy words just in case.
⑩ Such hard work has made her what she is today.
⑪ With her knowledge and skill, Nagai removes the language barrier between Japanese and English.
⑫ Moreover, she connects people beyond languages.
⑬ These facts make her a super interpreter.

①「東京が2020年の夏季オリンピックを開催するための競争に勝利しました。」
②多くの人がオリンピックを開催するための活動のために懸命に働きました。そして長井鞠子さんもその中にいました。
③彼女は日本で最高の通訳者のひとりです。
④仕事を通じて，彼女は日本の願望を世界に伝えました。そして活動の成功に多いに貢献しました。
⑤彼女は話し手の態度や感情に厳密にならいます。
⑥これが多くの要人が彼らの通訳者として彼女を選ぶ理由です。
⑦長井さんは言います。「言葉は符号ではなくメッセージです。」
⑧通訳者は広範囲の語彙を会議で使う必要があります。
⑨長井さんは万一に備えて，専門用語だけでなく簡単な単語も辞書でひきます。
⑩そのような厳しい努力が彼女を今日の彼女にしているのです。
⑪その知識と技術で長井さんは日本語と英語の間の言語の壁を取り除きます。
⑫さらに，彼女は言語を越えて人々をつなぎます。
⑬これらの事実が彼女を素晴らしい通訳者にしているのです。

☆2 Key Phrase Check

	Japanese	1	2	3	Key Phrase
1	2020年の夏季オリンピックを開催するための競争(6)				race to host 2020 Summer Olympics
2	長井鞠子さんもその中にいた(5)				Mariko Nagai was among them
3	最高の通訳者のひとり(5)				
4	彼女の仕事を通して(3)				
5	日本の願望を伝えた(6)				communicated Japan's desire to the world
6	活動の成功に貢献した(5)				contributed to the campaign's success
7	話し手の態度や態情にならう(6)				
8	顧問(1)				
9	理由のひとつです(4)				
10	なぜ多くの要人が彼女を選ぶのか(8)				why a lot of important people choose her
11	彼らの通訳者として(3)				
12	符号ではなくメッセージ(6)				
13	扱う(2)				
14	広範囲の語彙(5)				a wide range of vocabulary
15	会議で(2)				
16	辞書をひく(3)				consult a dictionary
17	調べる(2)				
18	専門用語だけでなく簡単な単語(7)				
19	万一に備えて(3)				
20	今日の彼女(4)				
21	その知識と技術で(5)				With her knowledge and skill
22	言語の壁を取り除く(4)				remove the language barrier
23	言語を越えて人々をつなぐ(4)				connect people beyond languages
24	これらの事実が彼女を素晴らしい通訳者にしている(7)				

図4　キーフレーズチェック用ワークシート　（QRコード参照）

文を言ったりするなど，最終的にすらすらと英語が口からでてくるまで練習をします。

　時間があれば日本語を見てその英文を書く練習も行います。この2・3時間目にあたる授業では，生徒はずっと英語を話しながらペア活動を行うことになります。

【4時間目】

　Shortened Version の英語がすらすらと口からでるようになったら，リテリングに進みます。Worksheet 4, 5 は両面印刷して配布します。

　このリテリングは，ペアワークで Key Word だけを見て Shortened Version の英文を相手に伝える活動です。指定された Key Word を使い，そ

Worksheet 4

Lesson　8　　　　Mariko Nagai, Super Interpreter
縮約版
☆3 Story Retelling　　　　　　　　　Class　No.　Name
★ Choose 15 Key words (or phrases) to retell the story. (in 3min.)
【Your Key words】

★ Use the key words and practice orally by yourself in 2 min.

　　　　Give the Evaluation sheet with your partner.

★ Retell the story in pairs and evaluate your partner's retelling in 2 min. each.
　Use the Summary Sheet and Check and underline the words or phrases your partner used.

れぞれ練習した後，お互いのワークシートを交換し，ペアで順番をきめてリテリングしていきます。聞いている方は集中して聞き，聞こえた英語を相手のワークシートにチェックします。使った Key Word の数で A・B・C の 3 段階評価をし，コメントをつけて返します。慣れてきたら Key Word を自分で決めてリテリングをすることもできます。この段階で，生徒は次の時間から読む教科書本文全体の概要を理解し，英語で話せる状態になっています。最後に Key Word だけを見て，自分が話した内容を Writing して復習をします（10 分間）。

Worksheet 5

> **Evaluation Sheet**
>
>   "Tokyo wins race to host 2020 Summer Olympics." Many people worked hard for the campaign to host the Olympics, and Mariko Nagai was among them. She is one of the top interpreters in Japan. Through her job, she communicated Japan's desire to the world and contributed a lot to the campaign's success. She follows the speaker's attitudes and feelings exactly. That is one of the reasons why a lot of important people choose her as their interpreter. Nagai says, "A word is not a code, but a message." Interpreters have to deal with a wide range of vocabulary at conferences. Nagai consults a dictionary to look up not only technical words but easy words just in case. Such hard work has made her what she is today. With her knowledge and skill, Nagai removes the language barrier between Japanese and English. Moreover, she connects people beyond languages. These facts make her a super interpreter. (154 words)
>
> ★**Evaluation** How many key words did your friend use in retelling?
>
>   Your partner [   ] used [   ] key words!!
>
>   A :more than 10 key words   B :more than 5 key words   C:a few key words
>
>   <Excellent!!>   <Good!!>   <Try harder!>
>
>   Give this sheet back to your partner

●教科書本文全体を扱う授業：5 時間目〜 9 時間目

　1 レッスンのパートを 2 つずつまとめて扱います。

【5 時間目，6 時間目】

　Part 1 と Part 2 の英文をまとめて 1 つにし，内容理解を行います。次ページの Worksheet 6 と 7 を同時に配布します。Worksheet 7 の英文が Part 1 と Part 2 をまとめた英文となっています。

　最初に Scanning を行います。英文の中から Worksheet 6 の日本語に対応する英語を指定された語数で探していくというものです（7 分間）。日本語を頼りにすることができるので，英語が苦手な生徒も英文を読み進めることができます。これもタイマーを使い，時間を意識させ，時間内で終わらせるように指示します。

　答えを確認したら，次に Sentence Hunt を行います。英語の質問に対する答えとなる文を探し，アンダーラインを引き，質問に対する答えを英語で書かせます（10 分間）。解答を確認したら，Homework sheet を配布します。Homework Sheet には確認させたい文法事項や表現などを入れ，

Worksheet 6

Lesson 8　Part1&2 Mariko Nagai, Super Interpreter　　　　本文全体

☆Step4 Scanning
Read the passage as fast as possible and scan the English expressions which correspond to the Japanese counterparts. In 7 min.

	意味	語数	語句	1	2
1	すばらしいニュースが喜ばせました	3語	wonderful news delighted		
2	日本の大多数の人々を	7語			
3	多くの人々が活動のために懸命に頑張りました	7語			
4	オリンピックを開催するために	3語			
5	そして長井職子さんもその中にいました	6語			
6	彼女は日本で最高の通訳者のひとりです	9語			
7	仕事を通じて	3語			
8	彼女は日本の願望を伝えました	4語			
9	世界に	3語			
10	そして大いに貢献しました	4語			
11	活動の成功に	5語			
12	彼らは話された言葉を変えます	4語			
13	ある言語から別の言語に	5語			
14	長井さんは70歳を超えています	6語			
15	彼女はまだ通訳者として働いています	6語			
16	200件を超える仕事をこなしながら	6語			
17	通訳者は求められます	4語			
18	言葉を正確に通訳することが	5語			
19	彼女はならうのです	2語			
20	話し手の態度や感情に厳密に	6語			

Worksheet 7

Lesson8　Mariko Nagai, Super Interpreter　　　　本文全体

☆5 Sentence Hunt　Part1,2
Find the answer of the question and underline the phrases of the answer in the passage in 7 min.

Q1 What did Nagai do for the campaign to host the 2020 Olympics?

Q2 Why do interpreters take turns every 20 or 30 minutes at conferences?

Q3 What does Nagai convey?

Q4 Why do a lot of important people choose Nagai as their interpreter?

In September, 2013, wonderful news delighted a great number of people in Japan.　The news was, "Tokyo wins race to host 2020 Summer Olympics."　Tokyo hosted the Olympics in 1964, and it will be the first city in Asia to host them twice.　Many people worked hard for the campaign to host the Olympics, and Mariko Nagai was among them.　She is one of the top interpreters in Japan.　Through her job, she communicated Japan's desire to the world and contributed a lot to the campaign's success.

Do you know what interpreters do?　They change spoken words from one language into another.　At international conferences, they take turns interpreting every 20 or 30 minutes.　This is because the job requires deep concentration.　"The job of an interpreter is just like martial arts," says Nagai.　She explains further, "I mean, we interpreters respond instantly to what we receive.　This is similar to a sword match in martial arts."

Nagai is over 70 years old.　She still works as an interpreter, carrying out more than 200 jobs a year.　She has interpreted for prime ministers, top athletes, Hollywood actors, and famous people in many fields.　An interpreter is required to interpret the words correctly.　However, Nagai conveys more than words.　She conveys the speakers' attitudes and feelings.

Here is one example.　When she interpreted for an important politician, he became really angry and banged on the table.　Interpreting his words, Nagai also banged on the table.　Other interpreters usually do not go so far.　However, when a speaker gets angry, Nagai also gets angry when she is interpreting the words.　She follows the speakers' attitudes and feelings exactly.　That is one of the reasons why a lot of important people choose her as their interpreter.　Nagai says, "A word is not a code, but a message.　It is important to change the way of speaking according to the speaker and the atmosphere of the place."

家で復習できるようにしています。最後に Phrase Reading Sheet（次ページ図6）を配布し，時間があれば音読を行います。

　この一連の手順は，慣れてくると生徒が自動的に行うので，教師は授業で進める項目を「☆Scanning, ☆Sentence Hunt」などと板書しさえすれば，英語で授業を進めても生徒は活動内容の理解に困ることはありません。

【7時間目，8時間目】

　5時間目，6時間目と同じように，Part 3 と Part 4 の英文を1つにまとめ，内容確認をしていきます。

【9時間目】

　Part 1 から Part 4 まですべてまとめてリスニング，ディクテーションを行います（図5）。

　最後に単元テストを行います。Phrase Reading Sheet（次ページ図6）が手元にあれば，必要に応じて日本語を確認できるので，全訳を行わなくても生徒は不安を感じることはなく，不満も出ません。

Lesson8　Mariko Nagai, Super Interpreter　　　　本文全体

☆7　Listening
Listen to the whole story.　Write T if it is true, and F if it is false.

1. At international conferences, interpreters take turns every 40 or 50 minutes because they need to concentrate very hard. (F)

2. Nagai explains that a word is not a message, but a code. (F)

3. Nagai follows the speaker's attitudes and feelings exactly. (F)

4. Nagai looks up only difficult words in a dictionary and makes a handwritten notebook. (F)

5. Nagai thought very hard because she wanted to express Namie people's deep affection for their hometown. (F)

Lesson 8 Dictation
In September, 2013, wonderful news delighted a great number of people in Japan. The news was, "Tokyo wins race to host 2020 Summer Olympics." Tokyo hosted the Olympics in 1964, and it will be the first city in Asia to host them twice. Many people worked hard for the campaign to host the Olympics, and Mariko Nagai was among them. She is one of the top interpreters in Japan. Through her job, she communicated Japan's desire to the world and 2(contributed) a lot to the campaign's success.

図5　リスニングとディクテーション用
　　ワークシート

Phrase Reading Sheet

Lesson 8 Mariko Nagai, Super Interpreter Part 1

1 In September, /	9月
2 2013, /	2013年
3 wonderful news delighted /	すばらしいニュースが喜ばせました
4 a great number of people in Japan. /	日本の大多数の人々を
5 The news was, /	そのニュースは〜というものでした
6 "Tokyo wins race /	「東京が競争に勝利す
7 to host 2020 Summer Olympics." /	2020年の夏季オリンピックを開催するための」
8 Tokyo hosted the Olympics /	東京はオリンピックを開催しました
9 in 1964, /	1964年に
10 and it will be the first city in Asia /	そしてアジアで最初の都市になります
11 to host them twice. /	オリンピックを2度開催する
12 Many people worked hard for the campaign /	多くの人が活動のために懸命に働きました
13 to host the Olympics, /	オリンピックを開催するために
14 and Mariko Nagai was among them. /	そして長井鞠子さんもその中にいました
15 She is one of the top interpreters in Japan. /	彼女は日本で最高の通訳者のひとりです
16 Through her job, /	仕事を通じて
17 she communicated Japan's desire /	彼女は日本の願望を伝えました
18 to the world /	世界に

図6 Phrase Reading Sheet

Worksheet 8

☆L8 Presentation making   Class   No.   Name

Make a one-minute presentation about Mariko Nagai

What do you think is the most interesting about her story?
Let's make a **one-minute presentation** about Mariko Nagai.
When you do the presentation, you can just use the 5 key words.   Try hard!!

1 First make an outline   (10min.)

> I'll tell you about Mariko Nagai.
>
>
>
>
>
>
>
>
> Thank you very much for your attention.   Do you have any questions?

You can't look at or read this paper when you do your presentation!! Just 5 key words!!

You can use the expressions in Lesson 8.
Example:
①Do you know what ☐ do?   ←P125 L11   （仕事名）
②He/She works as ☐ . ~ ing   ←P126 L2   （仕事についての説明）
③He/She is ~ years old.   ←P126 L1   （その人についての説明）
④You may be surprised to know that ~   ←P131 L3
⑤These facts make him/her a super ☐ .   ←P131 L11   （仕事名）
    You will start with the sentence: "I'll tell you about ~"

Worksheet 9

2 Your 5 Key words   (3 min.)

3 Practice   (1 min.)

4 Evaluation

    Who is the best in your group?   →   (   )

●<u>表現活動を行う授業：10 ～ 12 時間目</u>

　本文の英文を読み終えたあと，表現活動として One-minute Presentation を行います。これは，レッスン全体の内容から自分が伝えたい，おもしろいと思った部分をリテリングと同じ方法で 1 分間で話すという活動です。

【 10 時間目，11 時間目 】

　生徒はまず教科書の Part 1～4 の中から話す内容を考え，原稿を用意します。Worksheet 8, 9 はあえて両面印刷にし，1 枚にしておきます。その後，リテリングと同じように，これがあれば話せるという Key Word を自分で決め，Worksheet の裏に書いておきます。裏に Key Word を書くことによって，実際に話すときには原稿を読むということはなくなるのが利点です。各自で練習をし，原稿を読まず（そのための両面印刷）Key Word のみを見て，自分がおもしろいと思った内容を One-minute Presentation できるように練習します。

【 12 時間目 】

　グループ内発表を行います。4 人グループをつくり，グループ内でそれぞれ発表をしていきます。各グループが同時に発表を行うので，基本的に 1 分× 4 回ですべての生徒の発表は終わり，生徒が英語を話す時間を減らすことなくすべての生徒が発表することができます。時間があればグループを編成し直し，相手を変えて 2 回目の発表を行います。おもしろいと感じる部分が異なるため，話す内容がそれぞれ違うので，グループの他の生徒も興味をもって発表を聞くことができます。一人一台のタブレット端末により，グループ内での発表をそれぞれカメラ機能により録画し，Google Classroom のような学習管理アプリに課題を提出させることにより，授業終了後にすべての発表を教師が見ることができるようになりました。発表後に原稿を提出する際もカメラ機能で撮影し，データ提出にすると後が楽になります。

　この 1 レッスンを 12 時間で進める方法が三本木メソッドの基本形ですが，Part 1 から Part 4 まですべての英文を 1 つにまとめ，一度で内容確

認を行う場合もあります。本文全体の内容理解にかける時間を少なくすることにより，6時間といった短時間で1レッスンを終えることが可能になります。進度調節が必要になった時には担当者間で相談し，臨機応変に進めることができます。また，クラスによって生徒の習熟度が異なる場合，担当者の判断により Shortened Version にかける時間を長くしたり，内容理解にかける時間数を調整しながら行っています。

（4）生徒・教師の変容

本校では以前，以下のような課題がありました。

- ・教科書本文の日本語訳に時間がかかり，訳や文法についての教師の説明が長く，生徒が英語を使う場面が少なかった（授業中聞こえるのは，先生の日本語解説の声）。
- ・生徒が授業中に寝ることがあった。
- ・リテリングやプレゼンテーションなどの表現活動に時間をかけられなかった。

「三本木メソッド」を始めてからの変化としては，以下のような点が挙げられます。

- ・授業中に寝る生徒がいなくなった（ずっと活動をしているため）。
- ・レッスン毎に配当時間を変え，表現活動を行う時間を多くとれるようになった。
- ・他教科と比べ低かった模擬試験の英語の成績が上がった。
- ・教員間でコミュニケーションをとる機会が増えた。
- ・教員間で教える内容に差がなくなった。
- ・英語が好きな生徒が増えた。

（5）Shortened Version を扱うことの利点

教科書の英文を読む前段階を設定し，Shortened Version を取り入れることの利点は次のようになります。

- ・レッスン全体の概要をつかんでから教科書本文の内容理解をしていくの

で，ハードルが下がり，英語が苦手な生徒も本文内容理解の活動に取り組みやすくなる。

・Key Phrase Check → 様々な音読活動 → リテリングと進めていき，厳選された英文に時間をかけて取り組むことにより，教科書の英文を自分のものとして取り入れることができる。

・英語を苦手とする生徒の「難しい」感を軽減することができるため，そうした生徒も熱心に活動に取り組み，また，得意な生徒も同じ活動内容で飽きずに集中して取り組むことができる。

　教科書の英文を絞り込むことにより，何度もその英文にふれ，声に出して読み，自然に口から流れてくるまで徹底的に音読を繰り返します。このことにより，次の段階である教科書本文の内容理解へスムーズに進みやすくしています。また，教科書の本文を扱う際に，生徒にとっての難易度を下げ，多様な学力層の生徒たちが同じ活動をしながら授業を進めていくことが可能となっています。

（6）おわりに

　高校1年の入学時には，中学校での学習や経験の違いにより，様々な学力層の生徒が同じ教室に混在しています。特に英語を苦手としてきた生徒にとっては高校英語の教科書の英文は難しく，より一層苦手意識を増すことになります。また，得意な生徒にとっては読むだけではもの足りなく，簡単だと感じてしまいます。

　その問題を解決するため，三本木メソッドでは Shortened Version（縮約版）を取り入れています。教科書の英文に生徒が触れ，声に出す時間を増やし，全体の概要を理解した上で教科書本文を読んでいくので，ハードルが下がり，英語が苦手な生徒も教科書本文を Scanning や Sentence Hunt を行いながら読み進めることが可能となります。Shortened Version の音読やリテリングを行っている時に，特に英語が苦手な生徒が熱心に，一生懸命取り組んでいる姿を多く目にします。「できる」ことは楽しく一生懸命取り組めるのだということを実感します。逆に，英語の習熟度がかなり高い生徒も，ペア活動で行う活動には自分の中で越えるハードルがあるため，飽きることなく集中して取り組むことになります。教科書の英文

を使い異なる学力層の生徒がいる教室で一斉に授業をするには，このやり方はやりやすいと感じています。それまでの教科書本文の日本語訳や文法説明が中心の授業から，音読や生徒が英語を活用する時間が中心の授業に変化しました。そして，英語の授業では絶えず活動しているので，授業中に寝る生徒はいなくなりました。

　また，同じワークシートを用いることにより，学年間でも共有することができ教員の負担を軽減することができます。学年の担当者間で順番に協力してワークシートを作成しているので，教員間のコミュニケーションをとる機会が増えます。現在，学校全体で取り組んでおり，基本的な三本木メソッドの「型」はできあがりましたが，表現活動の多様化，タブレット端末など ICT の活用，さらなる受験に向けた英語力の養成などといった課題に対し，現在も日々改善に向けた取り組みを続けています。

3.3　米商タイプ

（1）三本木メソッド米商タイプの概要

　三本木メソッドは，Shortened Version を使って，教科書本文への敷居を低くすることによって，読んだ英文を使う段階へより早くもっていくことができるものです。本文と生徒の英語力のギャップを埋め，本文への橋渡しに縮約版を使うというアイディアです。

　これに対して，三本木メソッドのように Shortened Version を本文への橋渡しに使うのではなく，メインの教材として使うという実践もあります。

　山形県立米沢商業高校（米商）では，次のセクションで紹介する，県の「山形スピークアウト事業」の一環として，三本木高校より早く Shortened Version 的なアプローチを試みました（2016 年が米商における取り組みの最終年）。

　この学校では，Easy Version と呼ぶ縮約版を作成してそれを授業のメイン教材として使います。授業時数（1 課にかけるコマ数）の 3/4 で Easy Version を使い，本文は 1/4 ほどの時間で，初見の長文読解のようにして用います。

　次ページの図にあるようなイメージで授業を展開していきます。最初の段階（Step 1）では，Easy Version 自体の理解からはじめ，読み方（発音の

図　Easy Version を使った授業展開（山形県立米沢商業高校）
（平成 28 年英語スピークアウト事業研究報告書に基づく）

仕方など基礎的なレベル）を学び，練習します。Step 2 は，もっぱら各種の音読に充てます。ほとんど音読練習だけの授業と言ってよいでしょう。Step 3 で初めて教科書の本文の理解を行い，最終 Step でまた Easy Version に戻り，定期テストで行われるスピーキングテストへ向けての発表練習を行います。

(2) 三本木タイプとの違い

既に述べたように，三本木高校では Shortened Version はあくまで，本文への移行をスムーズにして，本文理解にかける時間を短縮し，英語を使う活動の時間を創出するためのものです。

これに対して米商方式では，Easy Version をメインの教材として使い，教科書本文は長文読解問題のように扱っています。したがって，三本木では Shortened Version に費やす時間は 12 コマ中 3〜4 コマ程度ですが，米商ではこの比率がほぼ逆になります。

(3) 試行錯誤

この取り組みの初期においては，先生方は，パートごとの Easy Version を作っていました。パートごとに授業を進めているので，そうなったのだと思います。しかし，やってみるとパート毎の Easy Version 作成はかなり難しいということがわかってきました。

考えてみれば当たり前で，短いものをより短くするのは難しいのです。しかも，全体像がないものを短くするのはなお難しいです。例えば，200語のものを150語にするのは語句をいくつか落とすぐらいしか方法はありません。となると，本文そのものと Easy Version はほとんど変わらなくなってしまいます。他の授業モデルでもよくあることですが，リテリングが本文の丸暗記になってしまう傾向にあるのと通じるところがあります。

　一般的に，長い文章はパーツに区切って学ばせるのが生徒に対しての負担を軽くすると考えられがちです。しかし，必ずしもいつもそうであるとは限りません。パーツをさらに短くすると，断片的になってしまい，かえってわかりにくくなることもあります。最初に全体像をザックリ見渡せた方が，生徒にとって本文への段差を少なくすることもあります。このような意味でも米商のこの試行錯誤には学ぶところが多くあります。

（4）生徒の様子

　このような方式の授業で，生徒は音読を本当に楽しんでいるのが印象的です。

　Step 2 では，50分授業のほぼすべてが音読です。音読といってもペアで行うことが多く，また，それ以外にもいろいろな形式の音読をさせます。生徒たちを見ていると繰り返し練習でも，やり方が違うので退屈している様子はありません。むしろ，音読の回数が増えるにつれて表情が豊かになり，ジェスチャーなども自然についてくるようになります。練習を重ねることにより「読める」という実感が得られ，心の余裕が生じてくるためではないかと思われます。

（5）その後の米商タイプ

　こうしてできた米商方式は平成28（2016）年に完成を見ました。しかし，その後，米沢商業でこの方式が使い継がれていっているわけではありません。完成を見た直後，異動や産休などで不連なことに，先生方がすべて転出されてしまいました。

　また，転出先でこの方式を実践されている方もおられないとのことで残念です。本書をお読みになった先生方の勤務校でこの方式が採用されることを願っています。

（6）逆転発想の教科書

　こうした方式を見てみると，検定教科書自体に Easy Version のような短くて簡単な英語で書かれたものがあればよいのではないでしょうか。実際，検定教科書の指導書（TM, Teachers Manual）には要約が載せてあります。場合によっては，これを用いることでことが足り，先生方がわざわざ EV を作らなくてもよいのではないかという意見があります。

　しかし，問題は TM に掲載されている要約が簡単な英語で書かれているかどうかということです。多くの場合，要約は本文と同程度のレベルの英文で書かれています。したがって，短くはあるが必ずしも易しくはなっていません。これが問題です。

　発想を逆にして，教科書が，Easy Version で構成されていて長い本文は TM 等に載せておいて利用できるような教科書が提供されればなおよいのではないでしょうか。

4 山形スピークアウト方式 —— 繰り返す

4.1 鶴岡中央タイプ

　山形県立鶴岡中央高校では，生徒が学習した英語表現を使う場面を生み出すために，学校設定科目「Speak Out（スピークアウト）」を開設しました。その方法は，1年生のときに学習した「コミュニケーション英語Ⅰ」の学習内容を2年生の「Speak Out Ⅰ」で，2年生のときに学習した「コミュニケーション英語Ⅱ」の学習内容を3年生の「Speak Out Ⅱ」で，学年をまたいで繰り返し発展的に復習するというインターバルトレーニングです。

（1）スピークアウトが開設されるまで —— 研究実践の経緯

　鶴岡中央高校は，平成21（2009）年に文部科学省の「英語教育改善のための調査研究事業」の指定校となり，「学校設定科目を活用して生徒の英語の発信力を高める」というテーマのもと，研究期間を3年間として取り組みを始めました。平成21年度の5月より東京学芸大学の金谷憲氏に運営指導委員としてご指導をいただき，ようやく研究内容が固まりつつあったその年の12月，文科省の事業仕分けによりこの事業は廃止となりました。しかし，当時の校長のリーダーシップと山形県教育委員会の強力なバックアップにより，平成22（2010）年度から山形県より2年間「英語改善推進校」の指定を受け，研究実践を継続することができました。

（2）スピークアウト導入に当たって行ったこと
①教科書を変える

　生徒が教科書で学習したことを使えるようにする，という点から考えると，高校の英語の教科書は生徒にとって難易度が高いです。例えば「コミュニケーション英語（現・英語コミュニケーション）」の教科書もどちらかと言えば読解用に構成されており，1つのパートにさまざまな文法事項，構文，イディオムがふんだんに使用されていて，生徒が発信用として使えるように構成されているとは言い難い面があります。さらに，教科書を採

択する際は生徒の英語力を上げるために，生徒にとっては難しめの教科書を選ぶ傾向があります。鶴岡中央高校も例に漏れず，内容理解や文構造の理解に時間がかかり，定着まで持っていくことが困難な，生徒にとっては難易度が高い教科書を採択していました。

しかし，生徒が英語を使うことで英語力が身につく，という金谷氏のアドバイスのおかげで，英語科全体で教科書を少しでも生徒がアウトプットしやすいものに変えようということになりました。

②カリキュラムを変える

2・3年次でスピークアウト（各2単位）を開設するために，教育課程の変更を次の表のように行いました。2・3年次では英語科目を1単位減単し，さらに人文社会コースでのみ理数科目を1単位減単，自然科学コースでは週1日，1時間増やし7時間に変更しました。

表1　スピークアウトを取り入れたカリキュラム

		2012年度以前	2012年度以降
1年次		英語Ⅰ（3単位）	英語Ⅰ（3単位）
		オーラル・コミュニケーションⅠ（2単位）	オーラル・コミュニケーションⅠ（2単位）
2年次		英語Ⅱ（4単位）	英語Ⅱ（3単位）
		ライティング（2単位）	ライティング（2単位）
		数学Ⅱ（4単位）人文社会コースのみ	数学Ⅱ（3単位）
			Speak Out Ⅰ（2単位）開設
3年次		ECⅡ（4単位）	ECⅡ（3単位）
		ライティング（2単位）	ライティング（2単位）
		課題生物／地学（3単位）人文社会コースのみ	課題生物／地学（2単位）
			Speak Out Ⅱ（2単位）開設

（3）学校設定科目「スピークアウト」とは

「コミュニケーション英語」の構成

	インプット	インテイク	アウトプット
英語 I（1回目） 1 レッスン 10 時間	インプット	インテイク	

	インプット	インテイク	アウトプット
Speak Out I 1 レッスン 7 時間		インテイク	アウトプット

　1 年生のときの授業では，本文の内容理解や語彙の定着等（インプット）に時間がかかり，その後の音読練習（インテイク）や生徒が学習した英語表現を使って発信する時間（アウトプット）を多くとることは難しいです。生徒が英語を使うことで英語力が身につくのであるならば，生徒が英語を使う場面を設定する必要があります。　そこで，次年度に復習を行います。生徒がその英文に触れるのは 2 回目なので，1 回目ほどインプットに時間がかからず，アウトプットまで持っていく時間を十分とることができます。

（4）スピークアウトの位置付け

目標：自分の意見・感想を英語で述べる

（3 年次） EC III（3 単位） EE II（2 単位）	Speak Out II（2 単位） 1st Stage　英語 II の内容定着　英文の Oral Summary 2nd Stage　トピック関連英文 　　　　　+　Skit, Presentation, Debate

（2 年次） EC II（3 単位） EE II（2 単位）	Speak Out I（2 単位） 1st Stage　英語 I の内容定着　Reproduction 2nd Stage　トピック関連英文 　　　　　+　Speech, Skit, Presentation, Debate

（1 年次）	EC I（3 単位）　　　EE I（2 単位）

図 1　スピークアウトの位置付け

　1年次ではコミュニケーション英語Ⅰ（3単位）と英語表現Ⅰ（2単位）を学習しました。2年次では，コミュニケーション英語Ⅱ（3単位）と英語表現Ⅱ（2単位）を学習しながら，学校設定科目「Speak Out Ⅰ（2単位）」で1年次に学習したコミュニケーション英語Ⅰの復習を行いました。さらに3年次ではコミュニケーション英語Ⅲ（3単位）と英語表現Ⅱ（2単位）を学習しながら，学校設定科目「Speak Out Ⅱ（2単位）」で2年次に学習したコミュニケーション英語Ⅱを復習しました。

（5）復習する内容

Final Task の内容と指導の配列

　各レッスンの最後に，生徒は「教科書で扱った英語表現を使うように仕組まれたスピーキング活動（Final Task）に取り組みます。Final Task の内容や配列を考える際には以下のことに留意しました。

・教科書本文の英文をふんだんに使うものであること

　本文が「水不足」についての英文であれば，「その解決策」をスピーチするというわけではありません。スピークアウトでは2人組でニュースキャスターになって，本文の内容である全世界的な砂漠化やバーチャルウオーター（仮想水）について，自分たちが作成した図やイラストを使用しながら報道するといったものです。「水問題の解決策」のスピーチであったとすると，本文を十分に活用できず本文を読まなくても話すことができるようなものになってしまう恐れがあります。確かに解決策を考えることは非常に重要ですが，まずは生徒の頭に英語の表現を残すことを最優先にタスクを設定しました。

・英語を話す具体的な場面を設定し，できるだけ生徒間のやり取りがあること

　前述のように，ニュースキャスターになって視聴者に伝える，というように，できるだけ発表する本人たちがその気になって英語を使用できるような場面を設定します。本文が「アニマルセラピー」の内容の場合は，アニマルセラピーの有効性をスピーチやプレゼンテーションで伝える，というものではなく，アニマルセラピーを取り入れている病院や施設で働くアニマル・セラピスト（または職員）になりきって，患者さんにアドバイス

をする，といった活動を行います。

　「ファーストフード」に関する英文の場合には，ファーストフードの是非について，ファーストフードの店員が肯定派，高校生を子どもに持つ親が否定派に扮してディベートを繰り広げる，というようなものです。

表2　スピークアウトのタスクの内容

	最終タスクの内容	活動
4月	自己紹介スピーチ	Show & Tell
5月	「笑いの効果」について説明する。 (L1 Smile!)	ロールプレイ
6月	施設利用希望者に対し「アニマルセラピー」を紹介する。 (L4 Animal Therapy)	ロールプレイ
7〜8月	トーク番組の番組収録を行う。 (L3 Art Is Life)	インタビュー
9月	（アウトプットを一方向から双方向へ） ニュースで「水問題の実態」についてを説明する。　　　　(L6 Water of Life)	プレゼンテーション
10月	本文を元にスキットを行う。 (L9 Hana's Suitcase)	スキット
11〜12月	科学の先生になり，中学生に「アーチ」について授業をする。 (L8 The Secret of the Arch)	プレゼンテーション
1月	他者のモットーを聞き手に伝える。 (L5 Dreams Are for Everyone)	レポーティング
2月	「ファーストフード」を論題にしたディベートを行う。 (L2 Fast Food)	ディベート

【指導の配列はスピーキング活動の難易度を配慮する】

　指導の配列は，レッスンの順（レッスン 1, 2, 3…）ではなく Final Task の難易度が低いものから，難易度が高いものへの順で配列しました。その際，本文がどのスピーキング活動に向いているのかを考えます。

スキット：登場人物が複数名考えられる内容の英文
ディベート：ある論題に関して無理なく肯定派と否定派に分かれて議論が
　　　　　　できる英文
インタビュー：インタビュー形式の英文でなくても，インタビュー形式に
　　　　　　　書き換える。質問内容や答を本人になりきって考え演じる
　　　　　　　のはチャレンジングであり，生徒たちも楽しんでできる。

　この 3 つのスピーキング活動ができるレッスンを先に決め，残りをロールプレイやプレゼンテーションのレッスンとし，難易度が低いと思われるもの（やり取りが少ないもの）から難易度が高いと思われるもの（やり取りのあるもの）になるよう配列しました。

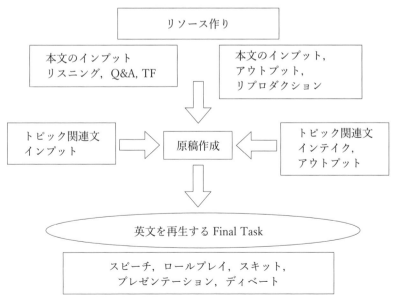

図 2　1 Lesson の進め方の基本

Day 1〜3	Day 4〜7
本文内容理解，語彙，表現の「インプット→インテイク→アウトプット」	最終タスクに向けた本文内容理解，発表活動

1. 語彙，内容確認 L&R
2. 要約文練習，リプロダクション（Oral-Summary）練習
3. リプロダクション発表

4. 原稿　1st draft⇒添削
5. 原稿　2nd draft
6. 教員に向けた発表リハーサル
7. 最終タスク発表会（ビデオ撮影）

図3　スピークアウト　1レッスンの流れ

教科書すべてのレッスンを網羅する？

　スピークアウトは2単位であり，1レッスンに7〜8時間程度（ディベートでは10時間）かけて授業を行います。2年生の4月当初の教科書を使用しない自己紹介のスピーチ（Show & Tell）から始まり，レッスン8つ分を1年かけて行いました。教科書はレッスン10まであるので，2つのレッスンを省くことになります。前述したような形でスピーキング活動に必要なレッスンを英語科の教員で相談して決めました。3年生では受験指導もあるのでレッスン3つ程度を行いました。

（6）指導の手順や活動の意図とその効果

　1つのレッスンで1時間目から3時間目までは「本文のリプロダクションやリテリング」を目標とした活動，4時間目から7時間目までは最終タスクに向けた活動を行います。

　生徒にとっては本文に触れるのが2回目なので，最初から本文の要約を英語で行ったり，トピックについてスピーキング活動を行ったりすることができるのではないか，と考える先生もいらっしゃると思いますが，実際生徒は多くを忘れてしまっています。

そこで，語彙の確認や内容の確認を行うことから始めます。しかし，忘れているとはいっても，活動を行ううちに生徒はだんだん英語を思い出してきます。そして，忘れていた英語を1回目より忘れにくい形で再吸収していきます。

Day 1〜3

本文内容理解・語彙・表現のインプット→インテイク→アウトプット

〈**Day 1**〉 **語彙・内容確認 L & R**

①語彙（Word hunt）

1. 生徒には本文が書かれたプリントを配布します。
2. 教師は本文にある語句について「定義」や「例文」（その語の部分は〜（何々）と言って明かさない）を英語で伝え，生徒はペアになって英文から教師が指示した語句を探します（全員立ち，答えたら座ります）。
3. 全員座ったら語彙リストを配布し，教師の後について練習をします。その後ペアで日本語→英語の練習をします。

このように，語彙を思い出す活動ですが，教師の英語での説明を聞くため，リスニングの活動，英文を読んで探すためリーディングの活動も組み合わせています。

②内容理解 L & R

1. 生徒は本文の CD 音声を聞き，内容理解 TF の質問に答えます。ペアで答えについて話し合った後，全体で答え合わせを行います。
2. 生徒は本文を読みながら内容理解 Questions に答えます。①と同じようにペアで話し合った後，全体で答え合わせを行います。

1年生での1回目の学習では，本文を最初からリスニングで行うといっても，単語を聞き取るのが精一杯です。復習として行う2回目であるので，リスニングでもある程度しっかりと内容確認ができます。

〈**Day 2**〉 **要約文練習（リプロダクション /Oral Summary の練習）**

①語句練習

Day1 で使用した語彙リストを使用し，ペアで日本語→英語にします。

②モデル要約文の穴埋め→音読（Back Translation まで）

1. 生徒は本文を読みながら，部分的に穴を開けたモデル要約文の穴埋めを行います。

   モデル要約文の下にあるスラッシュ入りの日本語訳に合わせて，英語の要約文にスラッシュを入れます。

   ＊日本語の語順と英語の語順の違いを自然に意識するようになります。

2. モデル要約文の音読をします。→　ペアで要約文の日本語を英語にしていきます。

   ＊各自，またはペアで Read & Look up 等の音読をしながら，日本語を見て英語にできるようにします。

スピークアウト開設当初は，1 時間目からこの要約文完成を行いましたが，本文の浸透が十分でないと考え，1 時間目に内容確認の活動を行うようにしました。結果的に基礎固めをしっかり行うことができました。

③ Story-Reproduction（リテリング）

1. 教師はキーワードカードを使いながら，本文に関する Yes/No で答える質問や 5W1H が含まれた質問をし，生徒はそれに答えながら教師とともに英文を再生していきます。

2. 2 種類のワークシートを使用して練習。ワークシートには，A. キーワード中心に語句が抜けているもの，B. キーワード中心に語句が残っているもの 2 種類で練習します。

3. シート A，B を使ってペアでチェックします。

〈Day 3〉 リプロダクション発表

黒板には，Day 2 で使用したキーワードが書かれたカードが貼ってあります。生徒はそれを元に英文を再生していきます。他の生徒は発表を聞き，評価シートに評価を記入します。

指導で留意した点は，単に「すらすら話す」というより「相手に伝わるように話す」ことです。最初はたどたどしかったり，丸暗記のため途中で止まるとそのまま思い出すことができなかったり，頭の中にある英文をただ一気に読み上げていたりしていても，回を重ねるごとに，単なる暗唱から自分の言葉で伝えることができる生徒が増えました。生徒の頭の中の英

語のタンクも少しずつ大きくなってきていることがわかりました。

Day 4〜7

Final Task に向けた本文内容理解・発表活動
〈Day 4・5〉Final Task の原稿　1st Draft →添削→ 2nd Draft
① Final Task の内容と評価について説明

　ペア（グループ）でどのような場面設定で誰に対して伝えるのか，評価についても簡単に説明します。イメージしやすいように上級生の発表を録画した物を見せることもあります。
②ペア（グループ）決定

　ペア決めは英語の得意，不得意に関係なくくじで決めます（なるべく同じ生徒と何回もペアになるということは避けます）。ただし，ディベートの際は，チームとしての英語力がなるべく均等になるよう工夫します。
③原稿作成

1. 段落構成（Introduction, Body (1), Body (2), Conclusion）の４段落構成。ペアで１人２段落ずつ分担します。必ず Body（1）か（2）を担当し，Introduction と Conclusion 両方を担当することはできないようにします。原稿を書くために再度英文を読みます。生徒は自分が伝えたいことを探しながら文と文のつながりを自然に意識して英文を読みます。「水問題」に関しての英文であればニュースキャスターになって「世界で砂漠化が進んでいること」を視聴者に理解してもらうためにどの部分を使えるか，「バーチャル・ウォーター」について説明し「地産地消を訴える」のであれば，どの部分を使えば効果的なのかを考えながら読みます。

2. 本文で読み取った部分を使いながら原稿を書き進めます。最初は本文を写しながらの生徒が多かったのですが，回を進める毎に，英文が頭にたまっていくからか，自分が口に出した表現に関してはすらすら書く生徒が増えてきます。また，英文を自分の言葉でパラフレーズしながら書いたり，並行して学習している英語コミュニケーションⅡや英語表現で学習した表現を使う生徒も増えてきます。

3. 原稿回収→教員が添削

〈Day 6〉本番に向けて練習・教員に向けたリハーサル

①生徒が本番に向けて読む練習をし，発表用のアイテム作りを行います。

②①の最中に生徒は順番にペアで教員に向けて発表リハーサルを行います。場所は教室の隅や廊下などです。教師は発音の細かい部分にこだわるというよりは，発表がオーディエンスに伝わるよう，理解に支障があるような発音について指摘したり，話すスピードや強調すべき部分について，またポスターなどのアイテムの見せ方についてアドバイスを与えたりします。

〈Day 7〉最終タスク発表会

①評価シートの配布。評価について確認。

②くじで決めた順番で発表。生徒は相互評価をします。

③全員が終わったらベストペアの投票（随時）。

④振り返りシートの記入，回収，教師による感想。

　「発表原稿を書くために再度英文を読む」活動は，通常の授業で行うDay 1で行ったような「英文に関する質問に答えるために英文を読む」のとは読み方が異なります。伝えるために読むと，トピックセンテンスがどれでサポートセンテンスがどれ，Discourse Marker はどれ…といったように理屈で考えなくても自然に文同士，段落間のつながりや関係を読み取っているのです。質問に答えながら読むのが「受け身」であるとしたら原稿を書く際に読む活動は「能動的な読み」であると言えます。

　また，まとまった量の英文を書くことが苦手な生徒は少なくありませんが，スピークアウトでは，生徒には英作文を「書かされている」といった意識は全くありません。聞き手を意識して，伝えるために工夫しながら英文を書き進めます。

(7) 何をどう評価するか

　　1. 評価項目をシンプルに（原稿・発表）
　　2. 評価者間研修を行う
　　3. 評価は授業内でのみ行う

評価は原稿と発表のみで行い，大切にしたことは，評価にばらつきをなくすことであり，最初は生徒の発表のビデオを見ながら先生方で一緒に評価をしたこともありました。担当者が新しくなった際に年に一度行えばよいでしょう。評価はその場で行い，授業後に持ち越しません。取り組みが持続的になるようにするためです。

(8) 復習で飽きがこないか

生徒の学習が2回目だからといって，最初からアウトプット活動を行うことはほぼ不可能です。なぜなら，先生方は同じテキストで複数クラスに指導しているため，英語表現が頭に残り，使えるまで至っているかもしれないですが，生徒にとっては1回きりの授業であり，十分使っているとは言えず，英語表現が頭に残っていない可能性が高いからです。

また，1年目（1回目）の授業でインプットの活動（語彙の定着や内容理解等）や英語を生徒にしみこませるようなインテイクの活動（Read & Look Up やシャドーイング等の音読活動）中心の授業であったのが，2年目（2回目）の授業ではアウトプットの活動（表現活動）中心となります。2回目は到達目標が高く，生徒にとってはチャレンジングなものとなるので飽きがくることはないようです。

(9) スピークアウトの効果

スピークアウトの効果について，指導方法とともに紹介してきましたが，ここではインターバルトレーニングとしてのこの方法の効果を示します。

インプット	インテイク	アウトプット

図4　EC I（1回目）1レッスン17時間

研究開始当初は，上記のように1回目のレッスンの最後にアウトプット活動を行うことも考えました。1つのレッスンに17時間かけることで生徒に飽きがこないか心配があったためこの方法を行ったのですが，実際に行ってみて，インターバルトレーニングであるこの方法には多くのメリットがあることがわかりました。

インプット	インテイク	アウトプット

スピークアウト I
1 レッスン 7 時間

インプット	インテイク	アウトプット

図5　実際のコミュニケーション英語 I とスピークアウト I の比率

《外部テストの結果》

　その効果を示すと考えられるものの 1 つとして，生徒の英語力の変化を外部テストの結果を通して見てみます。

表3　3年間の GTEC 全国平均値との比較

	Total score	Reading	Listening	Writing
鶴岡中央	①→② ＋17.1 ②→③ ＋48.6 ①→③ ＋65.7	①→② ＋13.5 ②→③ ＋19.2 ①→③ ＋32.7	①→② ＋9.1 ②→③ ＋12.9 ①→③ ＋22	①→② －6.1 ②→③ ＋17 ①→③ ＋10.9
全国平均	①→② ＋38 ②→③ ＋16 ①→③ ＋54	①→② ＋15 ②→③ ＋8 ①→③ ＋23	①→② ＋18 ②→③ ＋7 ①→③ ＋25	①→② ＋4 ②→③ ＋1 ①→③ ＋5

　まず，GTEC でスピークアウト実施年次の生徒と全国的傾向を比べて見ると面白いことがわかります。全国平均は 4 技能ともに，1 年生から 2 年生へかけての変化が，2 年から 3 年にかけての変化より大きいことがわかります。それに対して本校の生徒については，2 年から 3 年にかけての伸びの方が大きくなっています。後半の伸びが大きいということは，スピークアウト方式の教育効果だと考えても良いのではないかと思います。

　次に進研模試の成績をスピークアウト実施学年とそれ以前の 3 学年の比較をしてみます。ここでもスピークアウト実施学年の他学年との顕著な違いは，上記 GTEC の結果同様，高校 3 年間の後半での伸びの方が前半を

上回っているということです。

　こうした結果を見ても，インターバルを置いての復習発展学習が，生徒の成績の伸びにも寄与しているということが言えると思います。

表4　進研模試平均点偏差値比較（7月）

	平均点偏差値	
研究対象年次	①→②	+1.1
	②→③	+2.0
	①→③	+3.1
Speak Out 非導入年次 A	①→②	+1.6
	②→③	−1.0
	①→③	+0.6
Speak Out 非導入年次 B	①→②	+1.8
	②→③	−1.7
	①→③	+0.1
Speak Out 非導入年次 C	①→②	+0.6
	②→③	−0.5
	①→③	+0.1

（10）生徒・教師の変容

《生徒の変容とそこから見られる効果》

・忘れた頃に復習することによって，生徒は英語表現を思い出しながらより確かな定着につながります。2年生ではコミュニケーション英語Ⅱを学習していますが，並行してスピークアウトⅠを行うと，生徒にはよりハードルが低く感じられ，取り組みやすく4技能を無理なくフルに活用することができます。また，流れてくる英文のスピードも1回目より遅く感じられたり，より速く読むことができるなど，自分の成長を感じることができ，自信につながります。

・2年生でのコミュニケーション英語Ⅱは，実際，スピークアウトⅠより教科書の難易度が数段高く，研究前までは生徒が英語から離れてしまう場面も見られました。しかし，並行してスピークアウトⅠの易しい英文に取り組むことで，聞いたり読んだりする要領をつかむことができ，コミュニケーション英語Ⅱの英文にも前向きに取り組むことが当たり前になりました。また，英語学習とは，「英語を使うことができること」と捉え，コミュニケーション英語Ⅱの学習でも使うために読んだり聞いた

り音読する，という前向きな姿勢が見られました。

《教員の変容》

・「生徒が英語を使う」ことにより，英語指導において「目指す生徒像」が明確になったことで，教員同士の会話が圧倒的に増えました。生徒のよい部分，できない部分について共有し，よりよくするための指導方法を前向きに話し合えるようになりました。

・生徒が書いたり話したりする様子を観察して，個人個人の英語の容量が違うということを実感し，丸暗記なのか自分の言葉なのかもわかるようになってきました。一度では身につかないので，Small Step で何度も行うことが必要だと感じるようになりました。

・生徒のアウトプットを観察することで，現在生徒が学習している教科書（1年生なら I，2年生なら II）を使って生徒に表現させると丸暗記になり，忘れやすく自分の言葉になっていないのではないか，と感じるようになりました。実際，生徒が書いた英文を直しても，発表では直す前と同じことを話す場面も多く見られました。生徒に表現活動をさせる場合は，難易度が一段低い内容で行うのがよいのではないかと感じています。

(11) 今後の課題

　上述の模擬試験結果も含め，スピークアウトには多くの効果があると感じていますが。今後さらに生徒が生き生きと，力がつくようになるためにはどうしたらよいでしょうか。

・教員間の指導の差をなくすこと

　スピークアウトでは「生徒像」の共有から，教員間の指導の差はなくしやすいです。他科目の指導でも，共通のハンドアウトを使用して差が出にくいようにする必要があります。

・教える内容に強弱をつけること

　「スピークアウト」を指導して，生徒が英語を使えるようになるには時間がかかり，一気に多くのことを使えるようにはならない，ということがわかりました。入試も変わってきていることから，教える内容の優先順位を考慮し，内容の絞り込みをすることが重要だと感じます（「知っているこ

と」と「使えること」の区別）。

・復習の時間の確保

　スピークアウトを指導して，生徒に英語を定着させるには教員が考えている以上に時間がかかる（1レッスン17時間程度）ことがわかりました。「コミュニケーション英語」以外の科目でも同じように時間がかかるので，長期休業中の課題などにも組み込んでぜひ復習する機会を与えたいです。

（12）おわりに

　今振り返ってみると，スピークアウトを立ち上げ軌道に乗せるまでには，何度も話し合いを重ね，ときには教員同士やりにくさを感じたり，この方法に半信半疑であったりと厳しい場面も多々あったと思います。しかし，そこをなんとか乗り越えたのは，常に生徒を中心に話をしたことです。生徒の英語に向かう気持ちや姿勢が変わっていくのを目で見て肌で感じ，それを共有することによって，スピークアウトの位置づけが私たち自身の中でも確固たる物に変わっていきました。今では，生徒が生き生きと英語を使うことが私たちが英語教師である理由であるとさえ感じるのです。

4.2 山形西タイプ

（1）山形西タイプとは

　鶴岡中央高校のスピークアウトが年度をまたいで教科書を繰り返し使用して定着を図るのに対し，山形西高校のスピークアウトは学期ごとの復習としてアウトプット活動を行って定着を図るモデルです。鶴岡中央高校のポジティブな効果を普及させるため，平成24 (2012) 年度に県が立ち上げた山形「スピークアウト」方式普及事業により，進学校モデルとして研究・実践が始まりました。このモデルの特徴は，学校設定科目なしに，進度は極力犠牲にせず，アウトプット活動を通じて定着を図ることにあります。

　研究開始当時，多くの進学校では教科書章末のコミュニケーション活動を割愛するなど，アウトプットを軽視し，教科書を早く終えることと詳しい解説をすることが求められる風潮がありました。そのため，まずは英語科内のコンセンサスを得ることが必要でした。ちょうど担当者の関係で，post-reading のアウトプット活動として，100 語程度のキーワードを見ながら行うリプロダクションを行うクラスと，文法訳読的なクラスが存在したため，どのくらいの差が生まれるのかを検証することになりました。12月の定期考査で，予告なしに1学期の既習事項の語彙と並べ替えなどの問題を出したところ，その正解率は，アウトプットを行ったクラスは44.2％，それ以外のクラスが36.6％ と，優位差が見られました（df＝222, F＝14.72, p＜0.01, 表1）。また，2年7月の段階で行った1年2学期の既習事項においても大きな差があった他，外部模試においても偏差値で2ポイント以上の差がついたことから，アウトプット活動を取り入れることの有用性に対する認識がある程度改められることになったのです。「常識的に考

表1　定着度の比較

	With Output	Without Output
2学期期末考査	64.64%	47.49%
定着度テスト（抜き打ち／1学期内容）	44.21%	36.61%
1年2学期内容を2年7月に定着度テスト（スピークアウト活動なしレッスン）	64.06%	55%
1年2学期内容を2年7月に定着度テスト（スピークアウト活動ありレッスン）	74.94%	60.33%

えて、英語は1回教えただけで使えるようにはならない」という金谷氏の言葉を数字で裏付けることになりました。

筆者（山口）は、山形西高校で3年間研究主担当を務めた後、上山明新館高校で3年、その後も東桜学館中学・高校で山形西版のスピークアウトを実施しています。ここで紹介するものは山形西のものに限ってはいませんが、山形西では現在でもスピークアウトは実施しており、新課程が導入された令和4（2022）年度からはさらに発展させる方向で進んでいます。

（2）スピークアウトに繋がる通常授業

山形西のスピークアウトを説明するには、まずコミュニケーション英語の通常授業で行っていたキーワード要約について説明する必要があります。というのも、この活動はスピークアウトにおいても使われるからです。

キーワード要約とは、各パートの内容理解や音読が終了したところから、穴埋めや文補充によって要約を完成させることに始まり、その要約から抜き出されたキーワードだけを見て、要約を口頭で再生する活動です（さらにキーワードを見て書かせる活動も可能）。これは Focus on Form through Guided Summarizing（Muranoi, 2007[i]）の "Learners are directed to reproduce the story of a text they have comprehended through reading …（A）focus-on-form treatment is integrated into guided summarizing by means of a concept map (i.e., a schematic representation of key words and phrases) that directly leads learners to use specific lexical items and indirectly guides them to use relevant grammatical forms" にヒントを得た活動で、普通の要約であれば内容中心になるために、必ずしも使わせたい学習事項を含まない訳ですが、この方法ではわざと多くのキーワードを提示することで、ちょっと遠回りして使わせたい文法や語彙などを含めることができます。手間はかかりますが、キーワードと画像を組み合わせることで、生徒が見ながら話す単語を減らすことも可能です。

例えば PROMINENCE English Communication II（東京書籍）の Lesson 5 "Taking the Sting Out of Jellyfish" の Part 2 は本文が 203 words ありますが、モデルになる要約は 92 words で作成し、穴埋め音読から（次ページ図1左。太字の文字が最初に穴埋めする部分）リプロダクションへと（次ページ図1右）進めました。このリプロダクションはペアで生徒同士確認

Summary [Part 1]

A student **is making** a presentation about his favorite **creature** jellyfish. He **guesses** some of the classmates **may have been stung** by one, but **no matter what image** they have, he thinks they'll probably feel **differently** about jellyfish. He **is sure** there's a lot about jellyfish that his classmates don't know and shows a picture **taken at** Jellyfish Lake in Palau. In the picture, a diver is swimming **surrounded** by a lot of jellyfish. He tries to **let** them **know not all** jellyfish sting.

図1　穴埋め音読からリプロダクションへ

させますが，折り曲げることで図だけが見えるように授業用のワークシートに印刷しておけば，教室にプロジェクターがなくともスムーズに行えます。また，1回で終わりにせず，2，3回ペアを替えて行うようにすることで，多くの生徒は事前に家庭などで練習してくるようになるので，効率良く定着を図れるようになります。

（3）山形西版スピークアウトの実施方法

配当時間と時期

　山形西高校では，夏休みと冬休みに全員参加の講習期間があり，4，5時間があてにできました。その前には期末テストの後の通常授業の日があるので，そこを含めると8時間ほどの授業をスピークアウトに充てることができました。また，それでも不足しそうな時は，英語表現の授業もスピークアウトに充当することで対応しました。

　スピークアウトを行う以前は，文法や構文理解などに特化した講習を行っており，それをやめて大丈夫か，という不安が英語科内にあったことは事実ですが，結果的にはスピークアウトを導入した方が成績は伸びました。これは文法が大切ではない，ということではなく，定着させるためのスピークアウトを行った方が，たくさんの文法問題を解いて，少ししか定着しないよりも効率が良い，ということでしょう。

　3学期は講習がないので，実施の有無については担当者によって異なりますが，コミュニケーション英語と英語表現を合わせて実施するなど，工夫して捻出した学年もあります。

　各スピークアウトにかける基本的な時間は次の表2のようになります。

表2　スピークアウトの配当時間と内容

	内容	補足
Day 1	関連英文 1	関連英文の内容理解＆音読など
Day 2	関連英文 1	要約の確認とキーワード要約
Day 3	モデル理解とペア指定	モデルの学習とスキット作成
Day 4 & 5	発表準備	スキットの添削・ペアで練習
Day 6 & 7	発表	発表と評価

アウトプットする内容と活動のバリエーション

　それぞれの学期で学習したレッスンの中から，どのレッスンを使い，どのようなアウトプットをさせるかについては，担当者の間で相談して決めます。担当者が 2 名以上いると，自分では思いつかなかったアイディアが出ることがあり，また，分業して準備と実施が可能になります。

　既習事項を繰り返し使わせることが目的なので，教科書の内容や定着させたい文法事項を含ませることが大切なのは言うまでもありません。しかし，「進学校なのに，読む量が減って英語力が伸びない」という懸念を拭うため，関連英文も扱うのが山形西版の特徴でもあります。その分，関連英文を読み，キーワード要約を行うための時間が必要になりますが，生徒の知的好奇心を満たすためにも，関連英文はあった方が良いでしょう。

　例えば，先に紹介した *PROMINENCE* のクラゲのレッスンでは，関連英文として使える（筆者が使った）ものにはいくつかバリエーションがあり，生物つながりで考えた時にはカモノハシに関する英文（東北大の入試過去問），環境つながりで考えた時にはビーバーに関する英文（*Pro-Vision C.E. II*・桐原書店），生物模倣工学つながりで考えた時にはインターネットで見つけた他の生物による生物模倣工学の例を関連英文として用いました。生徒の英語力に適したレベルに書き換える必要がある原文を使うと仕事は増えますが，そこは ALT も活用して対応できます。

　次ページの図2はスキットの例ですが，場面設定と，クラゲの知識と関連英文で学習した内容については全生徒共通でキーワード要約を再び行いますが，登場人物（友達同士・恋人など）やスキットの最初と最後の場面は自由にペアごとに作ることになります。既習部分のキーワード要約につ

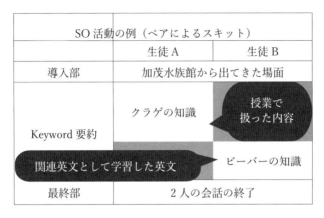

SO 活動の例（ペアによるスキット）		
	生徒 A	生徒 B
導入部	加茂水族館から出てきた場面	
Keyword 要約	クラゲの知識	授業で扱った内容
	関連英文として学習した英文	ビーバーの知識
最終部	2 人の会話の終了	

図 2　スキットの構成例

いては，生徒の英語力次第ですが，私の場合，普段のキーワード要約の倍くらい（120〜150 words）が 1 人あたりの分量になっています。また，関連英文を 2 つや 3 つに増やすと，生徒がどの関連英文を使うかを選ぶことができ，発表するストーリーのバリエーションを増やすこともできます（その分だけ関連英文の学習に必要になる授業数は増えることにはなります）。

　右ページ図 3 のチャートは，それぞれの活動タイプで，どのようにしてスピークアウトを構成するかを表しています。［Keyword Summary］と表記されている部分は既習のキーワード要約を流用する部分です。自由な部分と必ず含めるべき既習事項の組み合わせによって構成されていることがご理解いただけるでしょう。

　どのタイプの活動を選ぶかについては，取り上げるレッスン次第ですが，教科書によく取り上げられている特定の人物についてのレッスンだとインタビューがやりやすいです。例えば，フェラーリのデザイナーである奥山清行氏に関するレッスンを扱う場合，基本モデルは，次のように作れ，簡単に実施できます。

Interviewer：Our guest today is Mr. Kiyoyuki Okuyama. で始めて経歴を紹介。

Okuyama：登場し，挨拶。インタビューに答える。

Interviewer：教科書で学んだ内容に関して 3 つの質問をする。

Okuyama：質問にそれぞれ 30 秒程度で答える。3 文くらいの長さ。

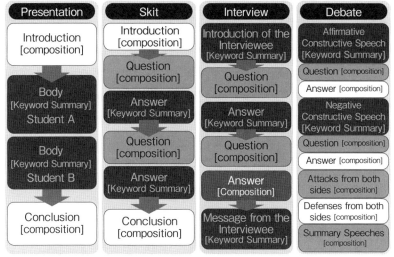

図3　活動タイプごとのキーワード要約配置

Interviewer: Lastly, would you give some message to the audience and the viewers?

Okuyama: メッセージ（この部分は生徒に調べたり，考えさせる）

・**スキット例**

　ペアで行うスキットの基本モデルを見てみましょう。「日本に導入された洋食」のレッスンの場合，場面設定はテレビ番組（料理番組など），日常生活（下校途中，外食中など）のいずれかを自由に設定し，ペアのそれぞれが，明治以降に西洋から導入された日本の食文化を選んで紹介するスピークアウトを行ったことがあります。教科書ですき焼きの歴史を学んで，関連英文であんぱんを学んだ前提で読んでください。

A: You do like *ampan*, don't you?（姉妹で外にいて，あんぱんを食べている）

B: Yes, I do. *Ampan* is a combination of Western and Japanese food. I believe it's a great invention.

A: Oh, do you?

B: In the Meiji period, people in Japan were not familiar with bread. In order to make bread appealing to Japanese, a former samurai and his son took a hint from the recipe for *sakamanju* and baked buns filled with *azuki* bean paste.

A: A former samurai? Is it because they lost their job?

B: Exactly. *Ampan* became popular because it was similar to *manju*. And when the two were asked to make *ampan* to present at a blossom-viewing party for government officials, they added a Japanese accent to the Western bread by placing a salt-pickled cherry blossom on the center of each bun. Kimura-ya still sell this *ampan* and I often buy it.

A: I see.

B: Japanese people have absorbed many things from Western culture by adding parts of traditional Japanese culture and enjoyed the best of both worlds.

A: Speaking of accepting Western culture, do you know the Meiji government promoted the custom of eating meat, and eating beef became a symbol of Westernization?

B: Oh, did they?

A: Yes. They even established a company which deals in meat at Tsukiji in 1869. One of the first beef dishes was called *Gyunabe*, which became popular in Tokyo. The only ingredients were chunks of beef and green onions, which were cooked in an iron pan. People enjoyed their beef flavored not with Western seasonings but with Japanese seasonings. It is surprising that they first seasoned the dish with *miso*.

B: I don't think I would like to try *miso gyunabe*.

A: In time, thin slices replaced the rough chunks of beef and other ingredients were added. This dish is now known around the world under the name of *sukiyaki*.

B: Ah, I feel like eating *sukiyaki* now!

A: Me, too. It's so cold and it's time we had *sukiyaki*.

B: Let's go home and persuade mom to have *sukiyaki*.

A: Yes, let's.

このように，学習したことを組み合わせて会話を作ればよいのです。私がこのレッスンでスピークアウトを行った時は，教科書で学んだ料理2種と関連英文で学んだ2種から1つずつ選ばせる形で行いました。

面白いストーリーを作れる生徒がいると，とてもユニークで楽しいスキットが見られます。生徒の中には，教科書で学んだ内容を組み込んだ上で，全く独創的な場面とストーリーを，小道具やBGMもバッチリ用意し，しかも英語を完全に自分のものにして見事に発表し，観ている者を魅了する生徒達がいます。そういう発表が多いほど，観ている生徒達もこの活動を楽しむことができます。質を高めたい時には，毎回のスピークアウトをビデオに撮っておき，優秀なものを見せるのが効果的です。

・ディベート例

活動の中で最も難しいのはディベートになります。国内の主な競技ディベートのタイプには準備型と即興型の2種がありますが，スピークアウトには教科書の内容を盛り込みたいので，準備型が向いています。全国高校英語ディベート連盟（HEnDA）の全国高校生英語ディベート大会の形式をカスタマイズし，1チーム5人あるいは4人の編成で，次のような流れで実施しました。

表3　準備型授業ディベートのタイムテーブル（例）

	Speeches	Role	Time
1	Affirmative Constructive Speech	A1	2 min
2	Negative Constructive Speech	N1	2 min
3	Negative Attack Speech	N2	90 sec
4	Questions from the Affirmative	A3 to A2	2 min
5	Affirmative Attack Speech	A2	90 sec
6	Questions from the Negative	N3 to A2	2 min
7	Affirmative Defense Speech	A4	90 sec
8	Negative Defense Speech	N4	90 sec
Preparation Time (1 min)			
9	Negative Summary Speech	N5	2 min
10	Affirmative Summary Speech	A5	2 min

（4人編成の場合，A3, N3をA5, N5が兼ねる。A1はAffirmativeチームの1人目を指す）

無電柱化に関するレッスンに即した立論の例を見てみましょう。実際には肯定側も否定側もそれぞれ Advantage と Disadvantage を 2 つ，教科書と関連英文に沿って固定していますが，Significance については変更も許可しました。

[Affirmative Constructive Speech]

Thank you, chairperson and judges. I'm (　　　). Let me begin our constructive speech. We claim that utility poles in all residential areas in Japan should be removed in two decades for the following two advantages.

Advantage (AD) 1: Make the cities beautiful.

Analysis: Utility poles and electrical wires are seen everywhere throughout Japan. They are ruining Japan's cityscapes. In most major cities, not only in Western countries, electrical wires are now buried underground. This is the standard today.

Significance: If all the utility poles and electrical wires were to be buried, all the cities in Japan would be more beautiful, and more tourists from other countries would come to Japan.

AD2: Reduce various risks in the event of a natural disaster.

Analysis: In the Great Hanshin-Awaji Earthquake, it is said that rescue work was delayed in many places, because it took a long time for workers to remove the fallen poles. In addition, according to research done after the Great Hanshin-Awaji Earthquake, in an area that had an intensity level of 7, utility poles stopped working at about twice the percentage of the one for underground wires.

Significance: If all the utility poles and electrical wires were to be buried, we could save more lives in a natural disaster.

That's all. Thank you.

[Negative Constructive Speech]

Thank you, chairperson and honorable judges. I'm (　　　). Let me begin our negative constructive speech.

Disadvantage (DA) 1: A sense of familiarity would be lost.

Analysis: Simply removing the wires will not make cities beautiful, because for many years, utility poles and electrical wires have been a part of city landscape. What is worse, removing them would mean destroying a certain visual image that people have developed over a long period of time. Japanese people should know better than to remove the historical Japanese view that other developed countries don't have.

Significance: If all the utility poles and electrical wires were to be buried, the new look would feel strangely foreign and we would lose one historical aspect of Japanese culture.

DA2: It costs too much.

Analysis: The project could cost over 760 billion yen only in Tokyo, which means it could cost 4.56 trillion yen in Japan. It would be impossible for the prefectures in financial difficulties to accept one third of the cost. In the first place, it is unnecessary to remove all the 35 million poles scattered across Japan.

Significance: Now, Japan suffers the largest fiscal deficits among developed countries and the plan would worsen the financial difficulties of the Japanese government and the prefectural and city governments.

That's all. Thank you.

　言うまでもありませんが，attack, defense, summary のそれぞれのスピーチの仕方は，モデルを用いて指導する必要があります。また，評価するディベートの前に，練習試合を一度は行っておくことをお勧めします。

　経験から学んだことですが，英語による質疑応答ができない（つまり通常の授業で"やり取り"の練習をあまりやっていない）生徒達がディベートをしても，当然うまくはいかないので，この点は留意されたいところです。

　ディスカッションについて扱っていないのは，コーディネーターが上手である必要性や，落とし所の難しさがあるためです。ただし，工夫次第ではディベートに近い形で最初に既習事項を盛り込んで行うことは可能でしょう。

　金谷氏からは「面倒な評価はしなくともよい。面倒だと二度とやりたくなくなるし，スピークアウトの目的は評価よりも生徒に英語を使わせることにある」というアドバイスを頂戴していたので，評価項目は3つにし，英語（既習部分とオリジナル部分を自分のものにできているかどうか），発表態度（声量や動きの自然さ），工夫（内容的に自分たちで深め，興味深いものにしているか）をそれぞれ5点満点で評価するに留めました。1クラスの人数が多い時には英語表現（当時）の授業担当者と協力して，2か所で発表させると効率が良いのですが，評価の甘い・厳しいを生徒が気にする時には，次の回に評価者を交代するようにするとよいでしょう。いずれにしろ，金谷氏のアドバイスの通り，あまり複雑な評価方法は個人的にもお勧めしません。

　日程の都合上，期末テストの成績に間に合わないため，この評価は長期休業の後の課題テストに20〜30点分として換算して組み入れました。課題テストは初見の実力問題を含める場合が進学校には多いですが，そういう場合は平均点が低くなりがちなので，生徒にはこの形式の評価が好評なのかもしれません。

（4）山形西，上山明新館における成果

　山形西高校にスピークアウトの研究指定がなされた時，英語科教員全員が喜んでこれを受け入れた訳ではありませんでした。当時は進学校でリテリングやリプロダクションを行っているケースはほとんどなく，アウトプット活動のパフォーマンス・テストも行われている事例は少なかったのです。しかも自身は文法訳読の授業を受けて成功体験を積んだ英語教員が，自分の受けたことのないやり方の授業をするということは，認知的不協和を引き起こし，スムーズに研究が進んだとは言い難かったのです。それでも金谷氏のアドバイスの下で基礎研究を進め，データを集めることで，「玄関先で荷物を置き去る」ような授業から「手渡して，使用するところまで確かめる」ような授業へと少しずつ前進することができました。

　導入初年度の1年生は，3学期に全生徒が初めてキーワード要約を用いたスピーチをする形で導入し，その後は順調に長期休暇の講習を用いてス

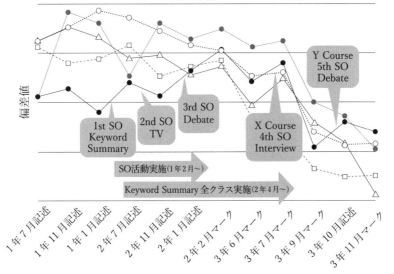

進研模試推移（学年間）
● SO 実施学年　□ 2013 年度　○ 2012 年度
● 2011 年度　△ 2010 年度

1st SO Keyword Summary

2nd SO TV

3rd SO Debate

X Course 4th SO Interview

Y Course 5th SO Debate

SO活動実施(1年2月～)

Keyword Summary 全クラス実施(2年4月～)

偏差値

1年7月記述　1年11月記述　1年1月記述　2年7月記述　2年11月記述　2年1月記述　2年2月マーク　3年6月マーク　3年7月マーク　3年9月マーク　3年10月記述　3年11月マーク

図 4　スピークアウトの実施と模擬試験の偏差値推移（山形西高校）

ピークアウトを行いました。3 年時はコミュニケーション英語（当時）の授業が習熟度のクラス編成で行われていたので，それぞれ 1 回ずつしか実施できなかったものの，模擬試験の推移を見れば明らかにスピークアウト実施後は成績が伸びていることがわかります。また，最終的なセンター試験の結果においても顕著な差

表 4　センター試験全国平均との差

	SO 1 期	H25	H24	H23
+60〜	9	5	7	7
+50〜	28	15	17	26
+40〜	55	31	39	44
+30〜	81	62	67	81
+20〜	107	90	104	97
+10〜	132	122	130	132
+0〜+9	150	145	154	159
集計人数	212	221	228	231
在籍数	220	239	234	231

が見られました。導入以前の学年と比較して，特に上位において顕著な増加が見られます。「定着」を目的にスピークアウトを導入しましたが，成績上位の生徒にとっても大きな効果があったことは特筆に値します。

さらに，偏差値 40 程度の上山明新館高校で行ったスピークアウトにつ

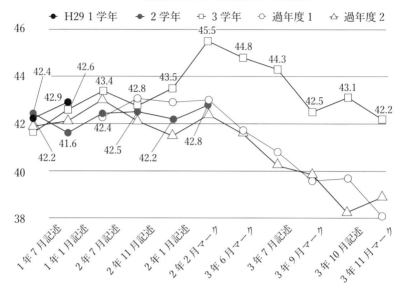

平均点偏差値推移（進研模試：英語計）

● H29 1学年　● 2学年　□ 3学年　○ 過年度1　△ 過年度2

図5　上山明新館での模擬試験の偏差値推移

いても効果が確認されています。センター試験でもスコアが140を超えた生徒は導入前の4年間でたった1人だったのに対し，160超えが1人，140超えが他に4人，130超えも5人と，上位者増加が顕著となり，一般入試で国公立大学に合格する者も出て，スピークアウトは下の学年にも受け継がれることになりました。

（5）生徒の変容

　これまで実施したアンケートから主だった意見を挙げると，「人前で発表することに不安があったけれど，何度も繰り返すうちに自信が持てるようになった」，「やる前は憂鬱だったけれど，終わると達成感があったし英語力も上がった気がした」，「自分達で英文を作ったり，構想を考えたりして，苦手な英語が好きになった」，「準備は大変だったけれど，力がついた」，「聞く，書く，読む，話すの4つ全てできてよかった」という感想が多いです。繰り返しスピークアウトをする中で，自分達が行った以前のものと比較して，生徒達自身も英語力の伸びに驚いていました。

　筆者は学会やセミナーでスピークアウトを紹介した時，ビデオを観た参

加者の方々から「発音がいいですね」,「楽しそうで私もやらせてみたい」という感想を多くいただきました。生徒達はスピークアウトがある, と考えながら普段の授業に参加するため, 一生懸命音読に取り組んでおり, 授業外でもキーワード要約を練習しています。ビデオで振り返る優秀な発表例を見て, 次は自分達も, という気持ちになるのでしょう。スピークアウトを行う度に, 生徒達の発表の質が向上していく実感は確かにあります。

　興味深いことに, 山形西高校の導入学年では, 3年時にスピークアウトをすることに疑問を呈した生徒もいましたが, 実施後に模擬試験の成績が伸びたことを知り, 自分の発言を後悔した生徒がいました。アウトプット活動を効果的に組み込むことが, ただ問題集や過去問を解くことよりも英語力を伸ばせる可能性があることを生徒自身も初めて知ったのでしょう。

(6) 課題

　山形西高校でスピークアウトを導入してから10年が過ぎ, 学習指導要領も変わってパフォーマンス・テストは当然のものとなりました。しかしただ暗記するのではなく,「大変だったけれど, 楽しかったし力がついた」というパフォーマンス・テストのデザインはなされているでしょうか。

　これまでに, 別の学年でスピークアウトを行ったが, 思ったほどの効果が得られなかった, という例も実はありました。発表活動に使用する言語材料は普段の授業で一度仕込んでおく必要があります。時間が経って忘れた頃に, もう一度仕込み直すからこそスピークアウトの効果が現れるのです。うまくいかなかった原因は, キーワード要約を普段はやらず, 1回目の教科書の学習定着が疎かになっていたことでした。また, 非常に短く, 教科書の英語もわずかしか繰り返して使わない発表活動にもなっていました。ある程度の負荷をかけることも大切で, わざわざ時間を割いているので, それに見合わない簡単すぎるタスクでは大きな効果は期待できないと思われます。一方, 難しすぎるタスクでも生徒が達成できないので, さじ加減は重要です。こうしたリスクを避けるため, 教科書とワークシート, スピークアウトのタスクを共有できるようにすることは重要です。

　多くの英語教員は現在, ディベートをはじめ, 自らは習ったことのない形の授業をすることを求められています。そのような時に「山形スピークアウト」方式とそこから得られた知見が一助となることを願っています。

5　5ラウンドシステム —— ラウンドで繰り返す

次に，ラウンドシステムを使って「繰り返し」を多くして，英語の定着を図り，中高ギャップを埋めるという試みを紹介します。

5.1　横浜南高校タイプ

（1）本校の5ラウンドシステムの構成例

横浜市立南高校附属学校中英語科では，繰り返し学習の中で正確性を自然に身につけることで話の概要を摑み，自分の考えや気持ちを英語で臆さず発信し，言語活動や他者の発信を通して自分の英語表現を自ら高めることができる生徒の育成を目指し，2012年の開校以来，5ラウンドシステムに基づく授業を展開しています（横浜市立南高校でもさまざまなラウンドシステムを試しており，ここで紹介するものはその一例です）。

この授業方法は，第二言語習得の観点から，英語学習初期（特に中学1年生の学習）において，多くの英語を聞かせる大量のインプットと，何度も同じ言語材料に触れるスパイラルな学習を大切にしています。

一般的なカリキュラムでは，1時間の授業で1ページ，年間を通して順番に教科書単元を進める発想に基づいて計画されます（次ページ図1参照）。しかし，5ラウンドシステムでは，1年間に教科書を何度も扱うスパイラルな学習を計画します。この授業方法で教科書学習を繰り返すことでいわゆる「とりこぼし」を減らすことも目指します。

中1では1年間に教科書を5周，中2・3では教科書を4周します。生徒は教科書だけでなく，Teacher's Talk や Short Reading・NHK ラジオ基礎英語などの英文・音声を通して大量のインプットを経験し，音読活動を通して語句や表現をインテイクします。そして，Small Talk やリテリングをアウトプットの場として，学んだ語句・表現を自分の言葉として繰り返し活用することで，自己表現できる英語力を徐々に身につけていくのです。

教科書を用いた学習は次ページ図2のように「インプット→インテイク→アウトプット」の流れで展開されます。これは，インプットからインテイクの間に，生徒がアウトプットを一切行わないということではありませ

一般的な年間計画

4月							3月
Unit 1	2	3	4	5	6	7	8

5ラウンドシステムの年間計画

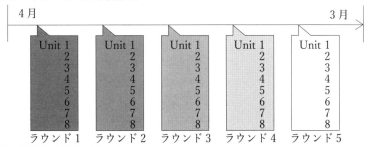

ラウンド1　ラウンド2　ラウンド3　ラウンド4　ラウンド5

図1　附属中の授業イメージ
（出典「英語運用力が伸びる5ラウンドシステムの英語授業」）

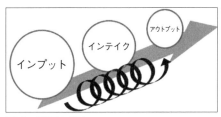

図2　学習の流れ

帯活動 （15〜20分）	ラウンドシステムによる教科書中心の学習 （30〜35分）

図3　1時間の授業構成
（出典　「英語運用力が伸びる5ラウンドシステムの英語授業」）

ん。どのラウンドにおいても，学習段階に合わせたレベルで，授業前半にスピーキングを中心とする言語活動を行います。教科書やTeacher's Talkで見聞きした英語表現を「ためしに使ってみる」場があることで，生徒が授業中の活動を通して「気づき，わかる」授業となっています。1時間の授業構成は図3の通りです。

（2）中学ラウンドシステムの概要

　中学では，ラウンド1でリスニングによる概要把握を行います。教科書を開本せずに音声を聞き，会話の流れに沿ったピクチャーカードを並べ替

111

え，教師とクラス全体の口頭でのやり取りを通して会話場面や本文内容に対する理解を深めます。

中1では，つづいてラウンド2として音声と文字を一致させる学習を行いますが，中2以降は省略することもあります。中1の学習を通して，生徒が初見の英文をある程度音声化できるようになっているためです。

ラウンド3（中1）またはラウンド2（中2・3）ではインプット・インテイクとして，本文の新出語句・表現の音声的定着と教科書音源の完全再現を目指した教科書音読を行います。

ラウンド4（中1）またはラウンド3（中2・3）では，本文の新出語句・表現の定着と内容理解の深化を目標として，穴あき・並べ替え音読に取り組みます。授業内外で行う音読練習は，生徒によっては1課あたり100回を超える場合もあります。これらの活動においては，意味を理解しないまま読む「空読み」にならないように活動中にときどき教員から内容理解に関する質問が投げかけられます。その口頭のやり取りを通して，生徒は本文の表現や内容に関する理解を深めていきます。ときには生徒が教員からの質問に答えられないこともありますが，これを教科書に立ち返り確認するチャンスとすることで，音読活動のさらなる動機付けにつなげます。

最後に，自分の考えや気持ちを英語で伝える活動として，教科書本文のリテリングを行います。音読や内容確認Q&Aなどの活動を通して繰り返し触れる中で，身につけてきた語句・表現を生徒がアウトプットする場面となります。生徒はTeacher's Modelやパートナーのリテリングから参考にできる表現を取り入れ，自らの英語表現を高めていきます。

（3）高校ラウンドシステムの概要

横浜市立南高校ではこれまで約10年にわたり「コミュニケーション英語」「英語コミュニケーション」でラウンドシステムに基づく授業を展開しています。中学のラウンドシステムは1つのひな形にまとまっていると言えますが，実のところ高校では学年ごとにさまざまな変遷があります。

例えば高校では，概要把握をリスニングまたはリーディングのうちから選択して進めます。教師が本文内容に合わせて選ぶ場合もあれば，学年によって生徒に選択させる場合もあります。概要把握を進める手段として，ピクチャーカードの並べ替え，リテリングなどを行います。そして，文構

造の理解のために，SVOC Hunting（教科書本文の文構造を把握する活動），教科書音読や穴あき音読を進めます。さらに，アウトプットする場面として，リテリングに加えて教科書本文の内容を踏まえたさまざまな発表活動が学年によって設定されます。

　高3はラウンドシラバスから離れ，習熟度別の授業を展開しています。9月までに検定教科書の学習を終え，10月以降は演習中心の授業を行います。

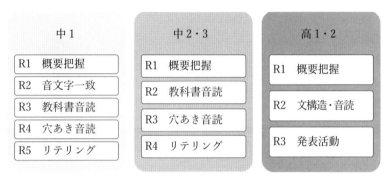

高3…5年間の積み重ねをアウトプットする1年間（進路実現へ向けた学習）

図4　中高6年間のラウンドシラバスの構成例（R＝ラウンド）

ラウンドシステムに基づく授業展開の要点

①たくさんのインプット量を確保する

　アウトプットの前には，インプット・インテイクの回数・時間を十分に行うことが必要です。ただし，高校は中学と比べて教科書の分量が多いため，音読回数の確保が課題となります。生徒には活動前にアウトプットのゴールを示し，学習の動機付けを行います。ラウンドシステムでは予習は不要ですが，復習は不可欠であることを伝えます。長期的視点で自立した生徒を育成するためにさまざまな学習方法を提示し，生徒に選択して取り組ませるようにすることを意図しています。

②アウトプットを生徒に強要しない

　授業中，教師の投げかけに対し，生徒からの応答がないことがあります。あるいは，こちらが意図した語句・表現を用いない返答がくる場合もあります。このような教師が予測した展開とは異なる生徒の反応があった際に，

教師が望むようなアウトプットを強制する声かけは，生徒の学習意欲の低下を招き，ミスを恐れて発言を避ける生徒を育ててしまうので避けたいところです。音読活動を通して語句・表現の定着が完了するまでは，教師は生徒を信じて辛抱強く待つことが必要です。

③繰り返しを何度も行う

先述のとおり，アウトプットの前には膨大な量のインプット・インテイクが必要です。裏を返せば，身についていない表現は自然とは出てきません。生徒に無理に使わせようとするのではなく，生徒が自然と使えるようになるために，実態に応じて，たとえアウトプット段階であっても，インプット・インテイクに立ち返り，定着を目指す活動を繰り返す流れを作るようにしています。

④既習事項，練習したことを使う場面を設定する

新たな語句・表現を身につけた生徒は，Small Talk などでそれらを「試しに使う」ことで，徐々に自分の言葉として使えるようになります。特に次のことを意識して活動を設定しています。

- 「間違えてもよい」という雰囲気づくり
- 自然な Recast を通した言語材料の提供
- 生徒が学びをつなぐ機会を教員からの発話で整える

生徒が「この表現，英語でなんて言えばいいのかな…」と言葉に詰まっている際には，教師と生徒のやり取りのなかで既習事項を用いた表現を Recast します。

⑤ "How about you?" に返す流れを取り入れる

授業中に教師が生徒に質問を投げかける機会はたくさんあります。Small Talk でも，教科書本文の内容に関する質問をクラス全体と確認した後でも，「私はこう考えたけれど，あなたたちはどう？」と，Teacher's Talk のあとに生徒が自分事に捉えて意見を述べる活動に自然につなぎたいものです。

ラウンドシステムは student-centered の授業づくりであるので，できる限り生徒が活動する時間を多くとります。生徒が授業内で活動するために必要なものは，Short, Simple, Clear

学習者の発話量

指導者の発話量

4月————————————3月

な Teacher's Talk であるため，授業者の発話量は，前ページの図のように毎年4月は多く，3月に近づくにつれて少なくなります。授業中の生徒の発話量はこれに反比例して増えていきます。

（4）横浜市立南高校での実践

筆者が横浜市立南高校で実践したラウンドの流れは図5の通りです。すべてのラウンドの授業前半に帯活動があり，高1・2の教科書を出題範囲とする単語テスト，英文速読，リスニング問題集，Small Talk を日替わりで扱いました。授業後半では教科書をベースとした学習をラウンドごとに進めました。

ラウンド1では，リーディングによる本文の概要把握を行いました。高1ではリスニングによる概要把握も行っていましたが，高2では英文の難易度が上がることから，初見の英語長文に慣れることを目的に，すべてをリーディングで進めました。Pre-reading として，本文に関する Small

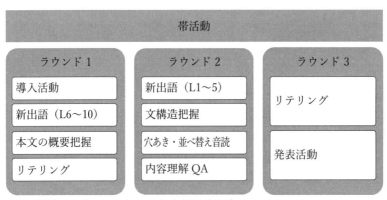

図5　附属中1期生　各ラウンドの内容（高2）

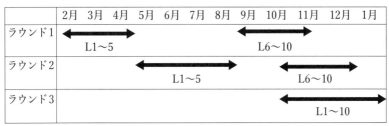

図6　附属中1期生　各ラウンドの指導時期（高2）

Talk や関連動画の視聴，あるいは本文の各段落の第 1 文が印刷されたカードを並べ替える活動などを行いました。その後，Graphic Organizer を描くプリントを配付し，生徒は本文を読みながら要点をまとめました。教師と生徒間で本文内容に関する確認をしたのち，生徒はそのプリントを用いてリテリング活動を行いますが，当然すぐにはうまくいきません。友達のリテリングを聞いて，「え！そういう内容だったの？」と驚く生徒もいました。ラウンド 1 では，本文を読む動機付けとしてリテリングを活用しました。

　ラウンド 2 では，本文内容を思い出す作業を教師と生徒間のやり取りで行ったのち，新出語の音声と文字を一致させ，SVOC Hunting を通して文構造の把握を行いました。新出語の導入は，当初ラウンド 2 で行う予定でしたが，生徒の様子を見て，途中からラウンド 1 で行いました（ここでの導入はあくまで音と文字の一致であり，意味の確認ではありません）。SVOC Hunting では，生徒にできる限りすべての文の分析に取り組むように声をかけ，ペアやグループの共有・確認の際に疑問として挙がった英文のうち，2～3 文を全体で取り上げて解説しました。そして，動詞抜き・新出語抜きの穴あき音読シート，並べ替え音読シートを用いて音読練習を行いました。本文内容の理解度を確認するための Q&A は，音読練習の合間に空読みを防ぐために教師と生徒間で行うものと，音読練習の後に効果測定として生徒同士で行うものもありました。

　ラウンド 3 では，各課のリテリングを行うとともに，教科書で取り上げられたトピックからいくつか選び，それに関連するディスカッションやライティングといった発表活動を行いました。例えば，イスラエル人からパレスチナ人への臓器提供の話では，リテリングの後に「この話は美談か」という質問を生徒に問いました。ほとんどの生徒がイスラエル人の決断を人道的であると評価しました。つづいて，この件を取り上げたドキュメンタリーを視聴しました。映像には，メディアから「ドナーはパレスチナ人の方がよいか」と聞かれたパレスチナ人の父親が「もちろん。イスラエル人から臓器提供を受けるなんて考えられない」と表情を硬くして答える姿がありました。視聴後，"What do you think of this story?" と投げかけ，ペアでやり取りをした後，クラス全体で意見を交換し，3 分間ライティングでノートに自分の意見をまとめさせました。

（5）横浜市立南高校の試行錯誤の取り組み

【ラウンドを「大回り」「小回り」のどちらで回すか】

中学では各ラウンドで Lesson1～Lesson10 を一気に学習を進めるため，高校でもラウンドシステムを導入した当初は中学同様に進めていました。このような「大回り」のメリットには，教科書に載っているすべての単語を夏休み前に一度触れることができる点が挙げられます。

しかし，ラウンド1の終盤には前半の課の内容を忘れてしまうことが気になる，という生徒からの意見もありました。そこで，数課ごとにラウンドを小さく回す方式をとる学年が現れました。

小回りにした場合，大回りで学習を進めている年と比べて，生徒が本文内容を忘れないうちに，それぞれのストーリーに立ち返って繰り返し学習することができました。しかし，「間をあけて繰り返すことによる定着」という点では，ラウンドシステムが本来意図する期間として不十分ではないかという指摘もありました。

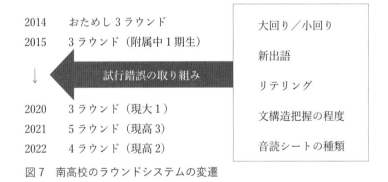

2014	おためし3ラウンド	大回り／小回り
2015	3ラウンド（附属中1期生）	新出語
↓	試行錯誤の取り組み	リテリング
2020	3ラウンド（現大1）	文構造把握の程度
2021	5ラウンド（現高3）	音読シートの種類
2022	4ラウンド（現高2）	

図7　南高校のラウンドシステムの変遷

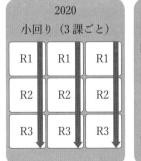

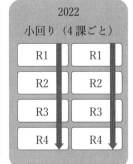

図8　ラウンドシステム（高1）の変遷（最近3年間）

【各ラウンドにおいて「どの活動」を「どの程度」行うか】

2020 小回り（3課ごと）	2021 大回り＋小回り	2022 小回り（4課ごと）
R1 概要把握(L/R)	R1 概要把握(L)	R1 概要把握(L/R)
R2 音読＆文構造	R2 文構造把握	R2 音読 or 文構造
R3 発表活動	R3 音読	R3 内容深化
	R4 Split Reading	R4 発表活動
	R5 発表活動	

図 9　各ラウンドの活動（最近 3 年間）

　本校は，繰り返すことによる定着を目指し，ラウンドシステムを採用し続けています。しかし，「何を」「どれくらい」繰り返すかが定まっていないため，それぞれの学年でさまざまな変化をつけています。例えば，まとめて扱っていた活動内容の分割や，教科書外の活動のラウンドを挿入すること（図 9，2021 年ラウンド 4）などが挙げられます。細かな違いはありますが，「繰り返すことで定着を図る」「生徒が英語を使う場面を整える」という 2 つの目標は一貫しています。

①新出語

　新出語の導入を，ラウンド 1（概要把握）かラウンド 2（音読・文構造把握）に入る前のどちらのタイミングで行うかが教師間で話題となったことがありました。ラウンド 1 で導入すると，生徒が読解・聴解の際に語彙で困らないというメリットがあります。一方で，生徒が単語リストに頼り，未知語への耐性がつかなくなるという指摘もあります。そこで，未知語の数をコントロールする目的で教科書本文をパラフレーズした英文を用いたこともありました。

②文構造把握の度合い（程度）

　本文の内容理解を目的として SVOC Hunting を行う際に，文構造の取り上げ方を「あっさり」「こってり」のどちらに寄せるかという話題がしばしば上がります。これまでの取り組みは，つぎの 3 つに分けられます。

メリット（○）・デメリット（△）を合わせてまとめました。

1. ほぼすべての本文を確認する
   - ○　内容理解を深化させる手助けとなる
   - △　授業時間がかかる
   - △　英語が苦手な子にとっては負荷の高い活動となる
2. 本文の一部を解説する
   - ○　丁寧に文構造を確認することができる
   - △　残りの文が手つかずのままになる可能性がある
3. 本文全体の解説プリントを配付する
   - ○　生徒が安心して解説を聞くことができる
   - ○　授業展開がシンプルになる
   - △　生徒の学習がプリント頼りになりかねない
   - △　教員がプリントに情報を書き込みがちになる

③音読活動（音読シートの種類）

　中学の音読活動では「音声と文字の一致」「文法事項を含む文の定着」を目的としますが，高校では採用する教科書によって，文量・語彙・話題の難易度が異なるため，授業内でこれらを実現することが難しいと感じる教員も少なくありません。特に，穴あき・並べ替え音読は，本来は内容理解を深めるための仕掛けであるはずですが，暗記ゲームのようになってしまうこともあります。ラウンドが淡白に進み，十分な練習量が確保できず，インテイクが不十分となることは避けたいことです。

　これまでに配付した音読シートのうち，多くの教員が採用したのは「動詞抜きシート」，次いで新出語・キーワードなどの「内容語抜きシート」です。語順・意味順の「並べ替えシート」や，5〜6語ごとに1語を抜いたシートを配った年度もありました。

　また，本文内容によって，軽重をつけて扱いを変えるのも1案です。例えば，教科書の後半の課においては，話題や語彙・文法事項の観点から，「SVOC Huntingと教科書音読は行うが，穴あき音読は行わない」という選択をすることも可能でしょう。

④リテリング

　リテリングは，その目的とタイミングを整理し，生徒が活動に至るまでの手順をラウンドごとに明確にすることが重要です。

　ラウンド１（概要把握）後のリテリングは，あくまで読解の動機付けとして行うので，生徒の本文内容の理解度がまだ高くありません。ゆえに，あいまいさに耐えられない生徒・教員には負荷の高い活動になりかねないのです。そのため，活動のゴールを低く設定し，その点を生徒へやり取りを通して伝えています。

　一方で，ラウンド２冒頭で内容を思い出すためのリテリングや，音読練習後のリテリングは，読解の動機付けや音読の空読み防止，インプット・インテイクの効果測定として役に立ちます。しかし，リテリングに多くの時間を割き，リーディングや音読の回数が十分に取れない授業では，インプット・インテイクが不十分になり，本来のラウンドシステムのねらいからは外れてしまうため注意が必要です。

【教科書を変える】

　本校では数年に一度，採用する教科書を変えています。これは，中学と比べると，生徒の音読やリテリングの達成率が気になったことに端を発します。

　英文難易度を下げ，「使う」ことに重きをおく選択をした学年は，結果として音読やリテリングの達成率を高くすることができました。また，最終ラウンドでは，プレゼンテーション・ポスター発表・Group Retellingなどを自己表現活動として「使う」機会と場面を十分に設定できました。しかし，大学入試問題との距離（話題・語彙・文量）がやや遠いことで，高３での学習とのギャップが生まれることを懸念する声もありました。

（6）生徒の変容

　一般的な授業では各課の本文をパートごとに読み進めます。しかし，ラウンドシステムでは，一課分を１つのストーリーとして扱います。これによって，生徒は語数の多さに慣れることができました。もちろん，高１のラウンド１の最初のうちは，生徒は語数の多さに戸惑います。しかし，複数のパラグラフから成る文章を読み進めることを繰り返すことで，大学入

試問題の分量に対する耐性をつけられるとも言えます。

　また，大量のインプット・インテイクに併せて，即興性のある会話活動を行うことで，与えられた話題に対する考えを，間違えることを恐れずに，とりあえずアウトプットするマインドセットを培うことができます。高3の自由英作文演習では，社会性の高い話題に対して，生徒が簡単な英語でパラフレーズしながら話したり書いたりすることが容易になりました。また，卒業生によると，大学の英語のディスカッションの授業で，ネイティブ教員から「君は帰国子女なのか」と尋ねられたといいます。高校在学時の彼女の成績は全体のボリュームゾーンよりも下位でした。英語が得意でないと感じていた子でも会話活動に臆さず取り組めるということは，ラウンドシステムの1つの成果と言えるでしょう。

　このように，ラウンドシステムは生徒の Fluency を伸ばすことができます。大学入試センター試験が大学入学共通テストへ変わり，発音・アクセントや文法を問う問題が削除されたいま，"Fluency first, accuracy second." の理念に基づいて構成されるラウンドシステムは，生徒に求められている英語力を育成するのに相性がよいです。高1・2のうちに，Fluency に重きをかけたラウンドシステムで，まとまった量の英文の概要を把握する力と音読を通して身につけた語句・文を用いる力を先に伸ばしておくことで，高3の学習では Accuracy に焦点を当てて進められます。ただし，実現するためには，高1夏までは "Fluency＞Accuracy" の状態に生徒も教師も耐える必要があります。また，生徒の中にはラウンド1のあいまいさに耐えることが難しい者もいます。そのため，概要把握で求めているレベルはそこまで高くない，ということを重ねて伝える必要があります。

（7）ラウンドシステムを高校に取り入れるなら…

　「繰り返すこと」に意味があると考え，高校でラウンドシステムを導入するとしたら，本校附属中学校で行っているような「ひな形」を持つことは難しいかもしれません。なぜならば，高校のラウンドシステムは変数次第で大きく変わると言えるからです。その変数とは次の3つです。

```
教科書　×　生徒　×　教員
```

図10　高校のラウンドシステムを左右する変数

高校では教科書の話題，文体，分量，語彙が難化するため，中学と同じ音読回数を確保できません。そこで，ラウンドのゴールとして「教科書の内容を自分の英語で表現すること」「生徒が自己表現活動で身につけた英語を『使う』こと」あるいは「社会性のある話題を英文で理解すること」のどれを選択するかによって，適した教科書も変わります。

　また，中学と比べて生徒の学力層がまとまっているため，高校に上がる前にどのような授業を受けてきたかを知ることは各ラウンドの活動設定に役立つでしょう。また，模擬試験の結果を参考に，活動を調整することもできます。

　さらに，ほかの教授法で経験を重ねられたベテラン教員や，着任早々にラウンドシステムに基づく授業を任された教員が悩むことがあります。それは，各ラウンドにおける生徒の理解度はこちらが思っているほど高くないということです。「高2の秋なのに，これがわかっていない！」「課の新出語をすべてわかってから本文を読まないと！」「すべての英文の文構造を理解しないと！」「このままで高3になっていいのかな…」ラウンドシステムで授業をしていると，ときに細かい文法事項を生徒と確認する選択肢が頭をよぎります。細かいことを一度に説明しきらないことは，生徒も教員もあいまいさに耐える，ということであり，それは時にとてもしんどいことでもあります。各ラウンドでの生徒の活動達成率の目標を丁寧にすり合わせることは不可欠です。ある教員は他校からの着任者にラウンドシステムの説明をする際に，「ラウンド1での生徒の理解度は，先生が思っているよりもずっとずっと低いですよ」とくり返し伝えたといいます。

(8) 今後の課題

　ラウンドシステムを採用して10年を迎える本校の課題は「中高6年間の流れの見直し」です。教科書本文のセンテンスをどれだけ自然に頭に入れておけるか，ということを模索し，教師と生徒，あるいは生徒同士の英語によるやり取りを十分に行わず，ただ単にラウンドを回しているだけにならないようにすることは，異動により人員が入れ替わる公立学校では毎年の課題です。

　また，ラウンドシステムでは細かい文法事項を概要把握のタイミングではあえて説明しない展開もあり得ますが，どのタイミングでどのように文

法整理をしていくかも再考を要します。

　テスト・評価についても，中学の取り組みと合わせて検討の余地が残ります。ラウンドシステムでは，単元を課ではなくラウンドに読み替えています。ゆえに，試験範囲にあたるラウンドによって年間を通して出題形式が変化します。指導と評価の一体化のために，どのような出題が可能かを模索したいと思います。併せて，観点別評価についてもラウンドごとに評価材料と評価の観点を整理することが必要です。

　最後に，ラウンドシステムはあくまで教授法の1例であり，この授業方法が合わない生徒もいることを忘れてはなりません。もちろん，「ラウンド以外の授業方法ならうまくいく」とも断言できませんが，ラウンドは最初のインプットがうまくいかないと厳しいスタイルでもあります。場合によっては，英語に苦手意識を抱える生徒がさらに困ってしまうかもしれません。ときに個別最適化された学びの選択肢を用意し，提示することは必要でしょう。

（1）ラウンドシステムとの出会い

2014年2月，私たちは高知県立中村高等学校（公立の中高一貫校）の会議室で，「ラウンドシステム」に出会いました。金谷憲氏のお話の一部で紹介された方法でありましたが，授業改善を試みたいと考えていた私たちにとっては「これだ！」と心を摑まれた内容でした。それから，何度かの交渉を重ね，金谷氏に年間を通じてご指導いただき，授業改善に向けた勉強会の実現が可能となりました。ともに「これだ！」と感じた当時の仲間の中で，はっきりとは言えませんがお互いの心の中に，「絶対何かが変わるはずだ」という確信を抱けていたことを今でも覚えています。

そしてまず，中高ギャップを埋めるため，相互授業参観を試み，共通の悩みを洗い出しました。実際に共有してみると，中学校・高校ともに極端に授業内で英語を「使う時間」が少ないことが明らかとなりました。理由は，文法を説明する時間を思い切って減らせない教員が多いということでした。中学・高校ともに授業内でかなりの時間を，言語活動に費やしているものの，次の活動につながらず単発で終わるものが多く，定着が難しい現状がありました。当時から現在まで多くの県内外の先生と各種研修会で悩みを共有してきましたが，とても多いと感じているのがこの悩みです。「文法は，授業内でどう扱っているのですか？」この悩みを聞くたびに思うことがあります。それは，「その時間はいらないですよ」ということです。正確には，「文法説明は生徒が必要とするときに行うのが効果的ですよ」。この発言ができるようになったのは，これまでの実践とそれに向けてともに悩んだ同僚の協力，金谷氏のサポート，そして，何よりもラウンドシステムで授業を受けた生徒が「英語を使える」ようになり，それが実際に外部試験等の結果（次ページ表1）につながってきたからです。中学1年生から，文法説明のないラウンド授業を受けてきた生徒たちが，高校3年生で大学入学共通テストを受けた結果が，過去一番良い成績（次ページ表2）だったことが何よりの証拠です。また，これは，2章の大学入試とSherpa調査の結果で示唆されていることと重なります。

表1　GTEC結果の推移 (2019 Basic, 2020, 2021 Advanced)

ラウンド1期生 GTEC結果より

2019年	Total	Reading	Listening	Writing	Speaking
内進生	730.0	155.3	168.1	211.2	195.4
外進生	687.4	141.1	148.7	210.2	187.4

ラウンド2期生 GTEC結果より

2020年	Total	Reading	Listening	Writing	Speaking
内進生	723.0	158.3	148.2	202.0	214.4
外進生	739.7	154.0	156.2	207.6	221.8

ラウンド3期生 GTEC結果より

2021年	Total	Reading	Listening	Writing	Speaking
内進生	786.4	169.5	181.6	217.1	218.2
外進生	776.3	164.8	176.1	216.9	218.4

＊ラウンド1期生は外部から進学する生徒（外進生）より内部進学生（内進生）がすべての項目において高いものの，2期生，3期生になるにつれ，その差はほとんどなくなっている。高校からラウンドを始めても十分に効果はあるのではないかと思われる。

表2　大学入試センター試験（H26〜R2）・大学入学共通テストでの全国平均スコアを超える生徒数の変化（R3〜）

	H26	H27	H28	H29	H30	R1	R2	R3
全国平均以上の人数	27	20	36	32	35	46	33	40

└ラウンド授業開始年

（2）カリキュラム改革

　まず，初めに考えたのが，現在の教科書で実行可能であるかということです。実際，当時使用していた教科書は説明文や文字数も多く，ラウンド授業には不向きだったため，少しレベルを下げ，興味が持てる教材が多く，少しでもラウンド授業に向いた理解可能なインプットが行えるものへ変更しました。そして，次年度から自転車操業的に，ピクチャーカード（ワークシート1，次ページQR資料参照）を作成し授業を行いました。ラウンドシステムは本校附属の中学校で行われており，中学校の教材にはそもそもピクチャーカードが完備されているものが多いのですが，高校の教科書は

第3章　ギャップ解消の取り組み

そうでない場合が多いのが現状です。また，授業時数においても，中学校は，そもそも週4回と授業時数が多く，ラウンド授業を組み立てやすい環境にありますが，高校では授業時数は少ない上に，教科書の内容が難しくなるため，ラウンド授業を実行可能かどうかという疑問が湧きました。

しかしながら，中高一貫校でカリキュラム改革を行う上で，中学だけにラウンドシステムを取り入れるとなると，果たして高校担当の教員は自分ごととして研修に取り組むことができるだろうかという不穏な疑問が頭をよぎりました。中学と高校の教員がともに研修を重ねていくことにより，お互いが真剣に授業改革について考えることができるのではないでしょうか。そしてそれが，「真の改革」につながっていくのではないかという期待を心に抱きながらカリキュラム改革に挑みました。

（以下，ワークシートは QR コード参照）

（3）高知中村高校の授業内容

高校にラウンドシステムを取り入れるとなると，時間数の確保が重要となります。中学では科目に分かれていないので，英語はまとめて年間最大142時間使うことができますが，高校では英語コミュニケーション（英コミュ），論理・表現などに分かれているため，本書で主に対象としている英コミュでは3単位だと年間最大105時間しか取れません。その中で，ラウンドシステムを取り入れるとなると，ラウンドの回数を物理的に減らす必要がありました。中学では1年生が5ラウンド，2・3年生は4ラウンドで回しているので，これを高校の内容・時間数で行うとなると，3ラウンドが適度な回数ではないかと考えました。

高校で3ラウンドに挑戦した1年目は，授業にすべての課を組み込んで行いましたが，そうなると，どうしても授業自体のスピードを速めざるを得ず，1年を振り返ると3ラウンド授業を急ぎ終わらせてしまった感覚がありました。3ラウンド授業で英語力を定着させるためには，思い切ってラウンド授業に不向きな課を削るか，ラウンドをリスニングのみで終えることを提案し，その部分は長期休業中の読み物にすることでフォローアップするように再計画しました。

(4) ラウンドの授業展開（授業1時間の内容）

　1時間丸々ラウンド授業で展開しているわけではありません。ラウンドの1週目（以後ラウンド1と呼ぶ）は，リスニングで本文の内容を理解していくことが基本です。そのためにピクチャーカードを用い，何度も繰り返して内容を聞き，ピクチャーカードを並べ替えます。その後，それを利用してQAを行ったり，TF問題で英語でのやり取りを繰り返したりしながら理解を深めていきます。ラウンド1については，10回以上を目標に聞かせることを教員同士の共通認識として授業を行いました。おそらくラウンド1にかける時間は30分程度で，残りの20分は帯活動としてさまざまな言語活動を行います。以下のような言語活動を共有しています。

・シークレットワード…黒板に書かれた英語をペアで説明し合う。
・1ミニッツトーク…提案された話題についてペアで1分間話し続ける。
・ミニディベート…提案された論題について賛成・反対に分かれ議論する。
・イングリッシュかるた…カードに書かれた英語をペアやグループで説明し，当て合い，時間を競うゲーム。
・ピクショナリー…カードに書かれた英語をジェスチャーや英語で伝え合い，チーム内の生徒が答え，チーム対抗で時間を競うゲーム。

　以上のような言語活動は，帯活動として毎日行われました。説明する単語や話す内容など，教科書内容と関連付けることもありました。生徒たちの様子をみると，英語を使用することへの抵抗が少しずつなくなり，英語を使うことを楽しむようになりました。しかしながら，この成果は，ラウンド授業でとことん聴いて，読んで話すことを繰り返してきた効果なのか，はたまた毎日の言語活動でのやりとりの効果なのかは明らかでありません。それらの相乗効果があるのではないかというのが授業者として実感です。

(5)「繰り返し」の重要性

　ラウンドの授業の最大のポイントは「繰り返す」ことにあります。ラウンド授業の導入により，まず直面したのがこの「繰り返す」ことの大変さでした。リスニングといっても，10回繰り返して聞かせるためにはテクニックが必要です。同じようにリピート再生させても生徒はすぐに飽きま

す。研修会を通じて私たちが学んだことは，ラウンド1のリスニングにおいては，生徒から出てくる疑問を，どんなに小さくても聞き逃さないということです。なぜなら，それは，繰り返して聞かせられるチャンスになるからです。目標は1時間内に最低10回は聞かせることでしたが，併設の県立中学校のラウンド授業を参観に行った際，ある先生は1時間内に17回聞かせていました。中学・高校で相互参観授業を行いながら，ともに「繰り返す」コツを研究し合い授業を行いました。

●ラウンド1でのリスニングの指導手順

1) オーラルイントロダクション（内容に関するQ&A）
2) ピクチャーカードを黒板，あるいはプロジェクターに映し出し，聞かせる。
3) ピクチャーカードを聞こえてきた順番に並べ替えさせる。
4) 生徒からの少しの疑問や質問も聞き逃さず，その都度聞き直しのチャンスにし何度も繰り返し聴かせる。
5) 聞き取りにくい表現を共有し，できるだけ何回も聴かせる。
6) Q&Aを繰り返しながら，ピクチャーの並びを何度も貼り直しながら正解を導き出す（必ずしも正解にたどり着くとは限らない）。
7) ペア（隣・前後・左右）や4人グループで解答を確認させながら，何度も聞かせる。
8) おおよそ全員の生徒の予想がついたところで，答え合わせをする。
9) 答え合わせの際，確実に答え合わせができない場合は，解答例は絞らずに，答えが何通りかある状態で活動を終える。
   ＊完璧に全員が聞き取れることを目標にするのではなく，全体で何となく本文の内容を理解できた感覚をつかむことを目指す。

　ラウンド2のリーディングも同じで，繰り返して読ませる授業の工夫には大変苦慮しました。しかしながら，研修会でマイクロティーチングを繰り返す中で，それぞれの先生の思いつきを共有したり，金谷氏から助言いただいたりすることで徐々に先生方の不安が取り除かれていったように思います。

●ラウンド2でのリーディングの指導手順

1) 一度リスニングをし，内容を何となく思い出させる。
2) その後，さまざまな方法で音読活動をさせる。

①レースリーディング（ペアやグループで競争読み）

②追い抜き読み（一行先に読み始めたペアを追いつくように読む）

③伝達リーディング（隣や前後の人にセンテンス毎に繋いで読んでいく）

④感情リーディング（誰かや，何かの気持ちになって読む）

⑤シチュエーションリーディング（場面や状況を設定して読む）

⑥パラパラ読み（デジタル教科書で消える速度を調節して読む）

⑦ Read & Look Up

⑧シャドーイング

⑨ブランクリーディング（指示された通りの単語数を黒塗りしてペア・グループで交換して読む）

＊黒塗りの最終目標は，各レッスンの語数にもよるが，80 後前後の英文で 30〜40 後前後を目標とすることが多い。

＊最終的な目標は，自分で設定させるように配慮する。黒塗りが多少見えたりしていても生徒自身のがんばりに注目し，褒めながら次の活動へ導く。

　ラウンドの特徴である「繰り返す」授業を行う中で，生徒たちはラウンド授業を通じて口にしてきた英語を，学習のどこかの段階で自分の言葉として使える「英語」に変化させて身につけています。教科書に書かれている表現をそのまま真似するだけではなく，今までの繰り返しの中で身についてきた表現を使えるようになる姿を何度も目の当たりにしてきました。ラウンドで授業を始めた最初の頃は，真面目な生徒ほど教科書通りに暗記をしようとしていましたが，繰り返される授業の中で，自分が表現できる英語を，習得されたスキーマの中から選択して表現するようになります。そのため，リテリングというよりはリプロダクションに近い形になるのではないでしょうか。特に，繰り返しの効果が現れると思われるラウンド 3 のリテリングは，リテリングと称していますが，実際リプロダクションに近い活動になっています。

　現在は，ピクチャーカードにある情報をそのまま英語で表現するだけでなく，その内容を通じて自分が感じることや考えたことや感想を述べたりする生徒も増えてきました。これは，「自分の言葉」として自分が「使える英語」をラウンド授業の中のどこかで習得してきた証拠ではないかと考えます。

　このような英語力の習得は「繰り返す」からこその醍醐味であると，現

在は実感していますが，当時はこれでいいのだろうかという不安に駆られる先生も少なからずいたことは事実です。では，このような不安をどのようにして取り除いて行ったのか，その鍵となるのがコンセンサスの重要性でした。

（6）共通理解の重要性

　ラウンド授業に挑戦した1〜5年目は，2か月に1回のペースで研修会を行ってきました。金谷氏には，毎回遠方より前日入りしていただき，休日開催で研修会を企画しました。毎回の研修会が，苦にならず楽しく英語指導力を向上させることができるように意識し，研修を計画しました。また，金谷氏の研修スタンスが，かしこまらない雰囲気の中で，ざっくばらんにいろいろな視点でご助言くださる形式であり，先生の提案で，研修は基本的にはマイクロティーチングの形で行うこととなりました。最初は，研修に対して身構えていた先生にも，毎回違う先生が先生役をしたり，生徒役として参加したりすることで，実際の授業を想定した雰囲気の中で行われる研修を楽しんでいる姿が見受けられるようになりました。こうして，繰り返される研修会の中で，日々の授業で出てくる疑問点や直面している悩みなどを共有することができました。

　ただし，「文法問題」についての質問はやはりなかなか消えることはありませんでした。教えることを仕事としてきた「教師」というものは，おそらくどうしてもどこかで教えないことに不安を覚えるのではないかと思います。実際その不安を拭うために，ラウンド授業のどこかで文法説明をしていた先生もいました。しかし，「文法説明は必要だ」と言っていたある先生が，1年間ラウンド授業を実践した後，生徒がしっかりと英語が使えるように成長した姿を見て，「実は文法説明はいらないのかもしれない」と発言されたのを聞いた瞬間，この授業方法を取り入れて本当に良かったと感じました。

　公立学校の制度では，教員の異動は免れません。そのため，毎年新任の先生たちに対して，このラウンド授業の説明が必要となります。改革を始めた最初の数年は，マイクロティーチングを行い丁寧な研修や日々の悩みの共有を行うことができていましたが，年月を重ねラウンド授業に理解のある先生が増えていくと，ラウンド授業にゆかりのない新任の先生に時間

をかけて説明したり，ともに授業を参観したりする時間が十分に取れないこともあり，新任の先生がラウンド授業を習得するのにご苦労をおかけしました。授業改革を進める上で「共通理解」は絶対に必要です。半ば強引に推し進めてきましたが，生徒が変わっていく姿を，授業者が自分の目で見て実感することが，コンセンサスを図ることのできる何より最善の方法であると実感しています。

(7) 英語使用の機会

　ラウンド授業での授業展開となってからは，生徒が授業内で英語を使用しない時間がほとんどありません。ラウンド1では常に英語を聴いています。ラウンド2では常に英語を話しています。ラウンド3では常に考えながら，英語を使用しようとしています。帯活動でも常に英語を使って表現しようとしているため，英語を使用していない時間が物理的にないのです。英語を使用する時間の一方で，ワークシートを使用する機会が激減しました。ラウンド1ではピクチャーカードしか使用しません。現在は県立中学では，ピクチャーカードもタブレット端末に取り入れているため，紙媒体での配布物はありません。ラウンド2では，1枚のペーパーに本文をグレーの文字の薄刷りで印刷し，サインペンや鉛筆で単語を消していく方法で，リーディングの練習をしています。

　ラウンド3では，ラウンド1で使用したピクチャーカードを使用して，英語で表現する練習をしますが，実際タブレットに配布されたピクチャーを見て練習できるためワークシートは必要ありません。ワークシート作成に多大な時間をかけてきた今までの授業を振り返ると，現在はその時間を生徒に投げかける「話題」や「繰り返す方法」を考える時間に費やすことが可能となり，授業準備が格段と効率的になりました。「教科書とチョーク1本で語る」が昔の教員の理想であったようですが，ラウンド授業においては，まさに，タブレットとワークシート1枚で授業のすべてが成り立つのです。ただ，その授業中に，生徒たちは頭の中でたくさん考え英語を「使用」しています。英語使用の機会をわざわざ作るのではなく，ラウンド授業の中で自然にその機会が多く作られていくのが，この授業展開の特色です。そして，この授業の中で「中学英語を使いこなす力」を身につけていると，授業者として実感しています。

（8）生徒・教師の変容

《生徒の変容》

　ラウンド授業を始めた1年目から，生徒の変化は顕著でした。各学年ともラウンド授業を取り入れました。最初は「文法説明」のない授業に不安を感じる生徒もいましたが，授業の中で自然と文法が身についていくことを実感するとその不安も取り除かれていきました。

　実際，その不安解消のために定期テスト後の2, 3時間は「アクティブラーニング・テスト直し」という時間を設定し，定期試験の最善解答案を自分たちで作成し，みんなの前で解説する授業を行いました。実際，生徒たちはその話し合いの時間の中の気づきを通して，文法の整理をしています。

　もちろんラウンド授業のどこかで，生徒たちが疑問を抱いたタイミングでその都度，適切に文法を簡単に説明することもありますが，じっくり文法の説明の時間を取るといったことはラウンド授業にはありません。

　また，日々の言語活動の中で，生徒たちは自分の言葉として使える英語を増やしていっています。というのも，毎日帯活動として行われる言語活動の中で提示される「話題」について話すとき，生徒たちは「何て表現すればいいだろう」という表現したいのに英語が出てこないもどかしい思いに日々直面しています。このもどかしさを少しでも減らせるように日々のラウンド授業に懸命に取り組んでいます。その結果，少しずつ表現の幅が広がり，もどかしさが減っていきます。すると，英語で表現できるようになることが楽しくなり，1年後の生徒たちは，英語を使えるように劇的に変化しました。

　中高一貫だからこそと，ラウンドシステムの授業を取り入れることを決意したわけでしたが，1年目で十分生徒に変化が現れました。大きな変化としては，リテリングテストの際，実際にその課で使用したピクチャーカードを指し示しながらテストを行うのですが，生徒たちは同じピクチャーカードを利用して表現することに飽きてしまい，全く初見のピクチャーカードで自由に話を作って英語で表垷したいと申し出てきた生徒が多数いました。1学期末のリテリングテストでは，その課のピクチャーカードを使用していた生徒がほとんどでしたが，3学期末にはオリジナルピクチャーカード（ワークシート1，p.126QR参照）を使用して挑戦する生徒が8割を超えました。これは，生徒たちが自分の言葉として使える英語を習得し，

その能力を試してみたいと思う気持ちを高めた証拠であると言えるのではないでしょうか。

《教師の変容》

ラウンド授業を実践してきた教師側ですが，もちろん最初は今までとは全く違った授業展開に戸惑う先生も少なくありませんでした。しかし，生徒が変われば先生も必然的に変わるというのが現実でした。

今まで感じた大きな変化の1つに，ある先生のエピソードがあります。それはラウンド授業を始めて3年目のことであったように記憶しています。最初はラウンド授業に対して少し受け入れ難さを感じているように見えた先生でした。ある課で"Ms. Ogawa"という先生が登場するシーンがありました。それを生徒たちはラウンド1授業で「ミズガワ」と聞き取って「みぞがわ先生」と認識していたのです。ラウンド授業を取り入れる前の授業でなら，その先生はその場でミズオガワ（Ms. Ogawa）ですよと訂正するに違いない場面でしたが，その先生はラウンド2で生徒たちが文字を見て，それが「おがわ先生」であると気がつくまでそのことを説明しなかったのです。生徒が自ら気づくことの大切さを実感したからこそ，すぐに説明をせず生徒の気づきを待つことができるようになったのではないかと感じた瞬間でした。このように生徒自らの気づきが楽しみになると，先生も少しずつ変化していく姿を幾度も目にしました。

また，ラウンド授業を取り入れることで，教師の発問次第で教科書が生徒や教員にとって，とても面白い教材になり得ること，多くのワークシートを前もって準備しなくても，生徒たちがいきいきと授業の中で自然に言語活動を行い，やり取りをするということを学びました。ラウンド授業の中で，先生が常に頭を使い想像力や発想力を駆使し，発問を生み出していく姿が生徒へと自然に伝わり，生徒自身も自らの発想力を刺激され，いきいきと授業に取り組んでいる様子を見ると，まさに，現行の学習指導要領にふさわしい主体的で深い学びのある授業展開というものがここにあるのではないかと実感しています。

（9）ラウンドシステムの汎用性

筆者は高知県立中村高校の次に異動した高知県立幡多農業高等学校でも

ラウンド授業の効果の汎用性を証明するため，高校1年生から一斉にラウンド授業を取り入れ授業を行いました。農業高校という，主体的で活動的な生徒が多い環境のためか，ラウンド授業は自然に受け入れられました。そして，前任校とはまた違ったスピードで生徒たちは使える英語を身につけているという実感があります。英語を使用することに対してハードルが低い学習環境があるので，実は進学校よりラウンド授業向きなのかもしれないと感じています。突然ラウンド授業を持ち込んだので，教科書内容がラウンド向きではない上に，難易度が高かったため，ALTに相談して，教科書の本文を教科書内容に沿った会話調にし，ラウンド向きに書き換えました。そして，それに沿ったピクチャーカードを作成してラウンド授業を行いました。

教材は，生徒が英語を使いこめるものに変更することで，お互いにとって使いやすく定着が望めると感じています。前任校と同様に，全員の先生のコンセンサスを図ることはなかなか難しい部分はありましたが，何とか乗り越え全教員でラウンド授業を行っています。

中には，ラウンド授業にもっと早く出会いたかったという先生や今までの授業をすべて覆されたととらえる先生もいました。同時期，中村高校から別の学校に赴任された先生の中にも，ラウンド授業を継続されている先生もおり，ラウンド授業が中高一貫教育校以外の学校でも実現可能であるということは実証済みです。この授業方法が目指すべき英語力のつけ方や授業方法が秘めるコンセプトは，全国あらゆる中学・高等学校で導入可能であり，英語力向上への効果があり汎用性が高いものであることは間違いありません。

今後，この授業方法をいかに多くの先生に知ってもらえるかということが課題です。この授業方法に興味を持たれている先生が徐々に増えていることは，研修会等を通じて実感しています。実際，県内外から授業参観の依頼があり，勉強に来られる先生もおられ，注目を集めています。実際の授業展開，そこでの生徒たちの変化，それを受け実際に教師が変化していく姿を多くの先生に伝えたいと思っています。毎日の授業の中で，生徒と教師が共に思考し，「英語を使用する」ことを楽しみながら習得していくことのできる，ラウンドシステムによる授業が広まっていくことを心より期待しています。

6 KitaCOM（新庄北高タイプ）── 併せる

　以下，2つの科目を併せて運用することによって，生徒に英語を使わせる手法に移ります。

（1）KitaCOM 誕生の経緯

　山形県立新庄北高校英語科では，平成28（2016）年度入学生から，1・2年次において「コミュニケーション英語（以下EC）」と「英語表現（以下EE）」の合科方式“KitaCOM（キタコム）”で授業を行っています（現在は現行科目を実施）。“Kita”は新庄北の「北」，“COM”は2つの科目のCombination であること，そして English Communication-based であることを意味しています。

　それ以前は，読解や文法のインプットが授業の大半を占め，英語でのアウトプット活動はほとんど行わないという，典型的な teacher-centered の授業展開でした。また，英語科全体として共有する授業形態がなく，教師や生徒の英語使用頻度も各学年担当者の裁量に任せられるような雰囲気でした。

　そのような中で転機が訪れたのは，次年度に使用する教科書について話し合っているときでした。「生徒が英語を使用する時間を少しでも増やしたい」という思いを全英語科教員が共通に持っていることに気づき，またEC と EE の授業が分かれていることによる次のような課題も浮き彫りになりました（表1）。

表1　EC と EE が分かれているデメリット

①	EC と EE で授業担当者が違うので，内容のつながりを感じづらい。
②	EC で音読に使える時間が十分とは言えない。
③	教科書の進度が遅くなるため，EC では年1回程度しか発表活動を取り入れることができない。
④	EE で発表活動を設定しても，内容が浅く，また単発的になってしまう。
⑤	EC で各パートに2〜3時間かけて学習しているため，全体像が見えづらく，レッスンを終える頃には序盤のパートの内容がうろ覚えになっている。

（2）KitaCOM の概要

　前項で述べた課題を解決できるのでは，と始めたのが「合科方式」でした。「合科方式」とは，「EC と EE（コミュニケーション系と表現系の科目）を合わせて，同じ教員が担当する方式」です。EC で学習した内容に合わせて EE で扱う文法項目の配置を入れ替え，表現活動を行う時間をしっかりと確保することが特徴です。イメージとしては，EC の中に EE を内包する形で 4 技能を統合的に学習できるようになっています（図）。

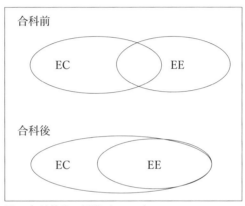

図　合科前後の授業イメージ

（3）生徒が英語を使用する時間を確保する工夫
①教科書の扱いを変える

　本章 2 節の "TANABU Model" を参考に，扱うレッスンに軽重をつけ，「扱わないレッスンがあってもいい」という共通認識を持ちました。また，「（横浜）5 ラウンドシステム」を参考に，「2 ラウンド方式」を導入しました。1 周目はレッスン全体の概要を理解することや，適切な発音・イントネーションでスムーズに音声化できることを目標にしています。2 周目ではさまざまな種類の音読を通し，内容を定着させるとともに，学んだ内容やその話題に対する自分の考えを，発表ややり取りを通して，そして書いて伝えることを目標にしています。また，「超こってり」のレッスンでは，上記の学習活動に加え，Interview Show やプレゼンテーション等の発表活動を行います。

②カリキュラムを変える

　"Kita COM" が校内で認知されるようになり，よりスムーズに運営していくことができるように平成30（2018）年度入学者からはカリキュラムを変更しました。1年次はECⅠとEEⅠの2科目のままで「合科」していますが，2年次はEEⅡを履修するのを止め，ECⅡを6単位にすることで「合科」の内容をそのまま取り組めるように整備しました。3年次はECⅢを止め，学校設定科目「Brush-up English」（以下BE）に変更しました。難易度の高い教科書内容を読解するよりも，あえて既習内容を時間をおいて取り上げることで，より深く定着させることを目指しました。さらに，重要文を焦点化したり，語彙・文法などの漏れを探したりするなど，1，2年次とは負荷のかけかたを変える工夫をしながら指導しています（表2・3）。

表2　平成29（2016）年度以前の科目設定　　　　　　　　（　）内は単位数

普通科	1年次	2年次	3年次
文系 ［3クラス］	ECⅠ（3） EEⅠ（2）	ECⅡ（4） EEⅡ（2）	ECⅢ（4） EEⅡ（2） *BE（2）
理系 ［2クラス］			

表3　平成30（2018）年度入学者以降の科目設定　　　　　（　）内は単位数

コース	1年次	2年次	3年次
一般 ［4クラス］	ECⅠ（3） EEⅠ（2）	ECⅡ（6）	BE（6） *BE（2）
探究 ［1クラス］		総合英語（5） *異文化探究 （文系のみ2）	総合英語（6） *BE（2）

※文系・理系のコース分けは2年次以降。平成30（2018）年度入学者以降は，一般・探究の各コース内で2年次以降に文理分け。*は選択科目。

③教科書を変える

　平成30年度入学生からの新カリキュラムに合わせて，コミュニケーション英語の教科書をレベルを少し下げて中堅レベルのものに変更しました。以前使用していた教科書は課末にリテリング用の表がついており，アウトプット向きの教科書でしたが，課が進むにつれて内容が難しくなり，読解

することに悪戦苦闘している生徒が目立ってきました。その結果，英語でのアウトプットはもちろん，英語の学習を初めから諦めてしまう生徒も見受けられました。また，社会的な題材が多く，どうしても「自分事」として捉えることができなかったり，自分の意見が思いつかなかったりする生徒も増えてきました。

　教科書のレベルをやや下げたことにより，内容理解にかかる時間を短縮し，教科書の内容について英語を「使って」表にまとめたり，題材に対する自分の考えや意見を付け加えたりする時間を増やすことができました。また，日常的な話題が増えたため，生徒が学習内容をより身近に捉え，自分の意見を表現したり，クラスメートの考えに注目したりする場面が多く見られるようになりました。

（4）できた時間でどのように英語を繰り返し使わせているのか

　どのレッスンでも，全体のリテリングまたは各パートのリテリングを最終目標に，多様な音読や Oral Q&A を通して内容理解を深めていくという柱を確立することができました。また，時間の関係で Summary Writing を宿題にすると効果が薄いとの反省から，リテリングした直後に授業内で Summary を書き，Peer Check することができるようになりました（表4）。また，「超こってり」と設定したレッスンでは，上記の学習活動に加え，

表4　1レッスンの流れ（例）

Day 1〜4 1 パート 各 1 時間	EC 教科書（ラウンド1） ①語句の確認・練習 ②パートごとの内容理解（リーディングで Q&A） ③「音声化」のための音読
Day 5〜10 1 パート 各 1.5 時間	EC 教科書（ラウンド2） ①語彙の復習（Word Hunt） ②リスニング（日本語 T/F） ③各種音読活動（「定着のための音読」中心に） ④音読テスト ⑤リテリング ⑥ Summary Writing ⑦ Peer Check
Day 11〜12	リライト 文法事項等の整理（EC 教科書） 文法問題演習（EE 教科書）

Interview Show やプレゼンテーション，Survey，スキット，ディベート等，その課の内容に合った言語活動を，少なくとも学期に1回は行うことができるようになりました。

(5) 生徒・教師の変容

　はっきりと数値で表すことはできませんが，教員から見た生徒の様子の変化や教員が感じていることをまとめてみました。

《生徒の変容》

・授業内で英語に触れる時間が増えた。
・パフォーマンステストやライティングの中で，EC の教科書の表現が出てくるようになった。
・最後にリテリングや発表活動があることで，目的を持って授業に向かう姿勢が出てきた。
・英語で話そうとする姿勢が前向きになった。
・3年次6月以降，外部模試の成績が急降下しなくなった。
・ラウンドの1周目で完璧に理解しきれなくても，2周目でまた練習しながら理解を深められるという安心感を持って授業に臨めるようになった。
・音読を通してインテイクする時間を十分に確保できるようになった。
・本文の内容を自分の言葉で言い換えようとする生徒が増えてきた。
・Summary Writing の Peer Check において，単語のスペリングだけでなく，文構造や文の流れなど，多様なフィードバックが見られるようになってきた。

《教師の変容》

・説明する内容を取捨選択するようになり，説明している時間が減った。
・指導ビジョンの共有化により，英語科内で相談，合意形成がしやすくなった。
・まず教科書の内容を定着させるという共通認識を持ち，教材を厳選するようになった。
・前年度の教科書を発展的に復習する活動を繰り返し取り入れることで，生徒の頭の中に英語のストックを作ることを意識するようになった。

・授業内で英語を話す割合が増えた。

・教科書を2周することで，一度にすべてを網羅しなければならないという焦りがなくなった。

(6) 今後へ向けての課題と対策

①「年次の主担当が全クラスを指導できない」，「教員によってクラス間で成績に差が出るのではないか」という懸念

　年次担当者間で指導方針や進捗状況，課題等について定期的に共有する機会を設けています。年次によっては，学期や定期考査ごとに担当者を入れ替え，生徒が複数の教員から授業を受けられるようにする取り組みもみられます。

②リテリングにおいてパフォーマンスに差がある

　目指すべき段階を以下のように生徒に提示し，1つでも上のレベルを目指すよう意識づけています。

STEP 1：キーワードを見ながら本文に近い文が言えるリプロダクションに近いレベル

STEP 2：前後の流れをスムーズにするために，キーワード以外の情報を教科書から追加できるレベル

STEP 3：自分の言葉で言い換えることができるレベル

③教科書の検討

　年々，生徒の学力差が大きくなってきており，言語活動を充実させるためには，もう一段階，教科書の難易度を下げる必要があります。

④「合科」継続の議論

　英語表現から論理・表現へと科目も変わったことなども受け，設定を止めていた英語表現IIに替えて論理・表現IIを導入するかを含め，合科の継続についてあらためて考えることが必要な時期になってきています。

7　コアラ──特別プログラムを作る

本章の最後に，中高ギャップを埋めるために，高校の科目とは別にプログラムを作り，年間に何コマかを差し込んで実施したり，高1の初めに集中的にまとめてブリッジとして運用したりする実践例を紹介します。

7.1　熊女タイプ

(1)「熊女のコアラ」誕生の経緯

埼玉県立熊谷女子高等学校（通称・熊女（くまじょ））は2012年に，金谷憲東京学芸大学教授（現名誉教授）を指導者として，埼玉県進学指導充実連絡協議会を上部組織とする埼玉県北部5校英語研究会を発足しました。熊谷，熊谷西，本庄，秩父高校とともに，英語授業力を向上して進学実績を上げるための研修会を行い，金谷氏に継続的にご指導を受ける機会を得ました。

5校ではそれまで，生徒に大量の難解な副教材を与えていましたが，その割には生徒の英語力が思うように向上していないという実感を持つ教員が多くいました。しかし，金谷氏の指導により，生徒の英語力向上のためには，まず中学校既習事項の定着が重要で，授業でたくさんの活動を行うことにより定着を図れることを学びました。

2015年には，金谷氏を講師に教員向けのセミナーを開きました。5校以外の教師にも声をかけて，英語基礎力向上のためのさまざまな活動を紹介し，参加した教師が生徒役として活動を実体験しました。平易な教材を使いつつも負荷は大きくて英語力定着に役立つ活動の数々でした。

その体験を経て，熊谷女子高校で2016年度に始めたのがコア・ラーニングです。内容は中学校既習事項の復習活動で，平易な英語を用いて言語活動をたくさん行うことにより，英語の基礎基本（コア）を身につけることで英語を使えるようになる，というイメージから，「コア・ラーニング」と名付けました。愛称は「コアラ」です。コアラを現行の高校教科書を使用して行うのは難しかったため，中学校レベルの教材を探して準備し，通常の授業とは別に2週に1回程度で行うことにしました。

コアラでは，どんな学校環境でも行いやすい活動として，後述する

Strip Story（ストリップストーリー，以下 SS）と，Loudspeaker（ラウドスピーカー，以下 LS）を中心の活動として試行することが決まりました。2016年度に熊谷女子高校でコアラの試行が始まり，翌年から本格試行に移り，2019年度まで実施しました。SS と LS に関しては後述します。

（2）熊女で行ったコアラの特徴

・通常の授業とは別建ての，2週に1回程度の特別メニュー

　　コミュニケーション英語 I の授業の中で教科書を使用せず行いました。

・平易な英語を用いて負荷をかける中学校既習事項の復習活動

　　平易な教材であっても，活動を続けるために，生徒はその場に応じた英語を発話していかなければならないという大きな負荷がかかります。しかしこうした活動を続けることで英語力定着が期待できます。

・楽しい協同学習での英語の反復

　　SS と LS では生徒は協同学習的な英語活動の中で，楽しみながら，気づかないうちに同じ英文を繰り返し聞いたり話したりします。

・明確な目的を持ったディスカッション

　　ディスカッションといっても社会問題などを語り合うのではなく，文整序（SS）やディクテーション（LS）のような，明確で具体的な目的にそって英語を多用するため，発話量が増え，自信がつき，英語定着につながります。

（3）授業におけるコアラの位置づけ

　　熊谷女子高校では，コミュニケーション英語 I （4単位）の授業で隔週に実施し，年間で15回程実施しました（2016年度の試行の場合）。年度によって実施回数は多少異なりましたが，2019年度まで継続しました。

〈50 分の授業内での内訳〉

10 分	帯活動：『英文法リアクション・トレーニング』（アルク）というワークブックを使用
40 分	中心活動 SS：年度前半に9回程度実施 LS：年度後半に6回程度実施

（4）Strip Story（ストリップ・ストーリー・SS）

SS とは，試験などでは 1 人で行う文整序を，5 人 1 組のグループで行う活動です。Strip とは細長い 1 枚の紙きれのことで，その紙に書かれた英文を，グループで英語で話し合いながら順番を考えてストーリーを再構築していきます。例えば次のような英文をバラバラにして整序するわけですが，この教材を例として授業の準備から実際の活動までを紹介します。

> In the 1930s, Walt Disney often visited amusement parks with his daughters. He thought the parks were dirty and boring. While his daughters were playing, he had nothing to do. One day he had the idea for his own park. There, parents and children could have fun together.

美誠社『Rapid Reading Level 1』p. 6 より

〈活動の準備〉

5 文ほどから成るパラグラフを 1 つ選び，1 枚の細長いカードに 1 文ずつ文を書いて封筒に入れ，その封筒を数セット用意する（図参照，40人のクラスなら 8 セット）。

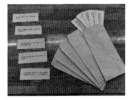

図　Strip Story 用のカードのセット

〈活動の手順〉

①教師はクラスを 5 人 1 組のグループに分け，机を合わせて，各グループに封筒とグループカードを渡す。

②教師の合図で生徒は封筒からカードを取り出し，1 人 1 文ずつ声を出さずに暗記する。カードを見せ合うこともしない。

③30 秒程度で暗記した後，教師の合図で生徒は封筒にカードを戻す。これから先，生徒は文字を見たり，メモを取ったりすることはできない。

④生徒は 3 分（〜5，6 分）程度英語で話し合い，それぞれの覚えた文を正しいと思う順番に並べ替える。

⑤文整序ができたグループから，教室の壁に沿って立ち，文の順番通りに並ぶ。

⑥教師の英語での采配により，クラス全体で文の順番を考える。

〈教材例〉

[生徒の考えα] 元の文

①In the 1930s, Walt Disney often visited amusement parks with his daughters.
②He thought the parks were dirty and boring.
③While his daughters were playing, he had nothing to do.
④One day he had the idea for his own park.
⑤There, parents and children could have fun together.

[生徒の考えβ] ②と③のみ順番が違う

①In the 1930s, Walt Disney often visited amusement parks with his daughters.
③While his daughters were playing, he had nothing to do.
②He thought the parks were dirty and boring.
④One day he had the idea for his own park.
⑤There, parents and children could have fun together.

〈采配の例（全体像）〉

①まず，最初のグループが順番にしたがって文を発表する。

　　教室の壁に全グループが並び，文の順番に整列した後，適当なグループから始める。Group A の生徒は GA と表し，他グループなども GB，GC …などと表す。GA1 はグループ GA の最初の文を言った生徒を指す。T は Teacher。

　　T: GA, could you say your sentences?

　　GA1: In the 1930s, ... GA2: He thought ... GA3: While his ...（後略）

②教師は最初のグループと同じ順番のグループがいるか尋ね，いれば近くに移動させる。同様に，他の順番を考えたグループの発表も聞いて，同じくグループを移動させて近くに座らせる。

③教師は，生徒に何度も問いかけをし，生徒は何度も答えながら文の順番をクラス全体で考えていく。

〈**本来の順番とは微妙に異なる別の順番の意見が出た場合の采配例**〉

　　以下の例は，教室のグループが，上記の 2 つの意見（考えαと考えβ）に大きく分かれた場合の例です。実際には 3〜4 通りに分かれることが多いですが，βは最もよく出現した微妙に異なる別意見であり，文の順番もαとは②と③が異なっているだけなので非常に興味深い別意見でした。

　　下記にグループ GA などが意見αを出し，GB などが意見βを出したものと仮定して，采配の様子を提示します。意見が大きく 2 つに分かれたので，代表として GA と GB に聞いていきます。この際，他のグループにも

144

問いかけることがあります。

①まずは，再度 GA と GB に全文を言わせて，1，4，5番目は同じである
　ことを確認する。クラス全体に聞いてどこが同じか答えさせてもよい。

　T: Most groups have the same ideas for the 1st, 4th and 5th sentences.

②次に確認のため，1文目だけをもう1度 AB 以外のグループに聞く。

　T: What was your first sentence again, GC?

　GC1: In the 1930s, Walt Disney often ...（中略）... with his daughters.

③次に，GA と GB の違いを際立たせるため，2文目をそれぞれのグルー
　プに聞く。

　T: Thank you, GC. Now, GA, and GB, what is your second sentence?

　GA2: He thought the parks were dirty and boring.

　GB2: While his daughters were playing, he had nothing to do.

　T: So, GA and GB have different ideas about the second sentence.

④今度は，3文目を GA と GB に聞く。

　T: Good. Now, GA, what is your third sentence again?

　GA2: While his daughters were playing, he had nothing to do.

　T: GB?

　GB3: He thought the parks were dirty and boring.

⑤ここで，生徒は違いが2文目と3文目にあることに気づく。

　T: Thanks. The differences between GA and GB seem to be the 2nd
　　and the 3rd sentences. Now, what is the first sentence again, GD?

⑥もう一度1文目を言わせて，2文目とのつながりに着目させる。

　GD1: In the 1930s, Walt Disney often ...（中略）... with his daughters.

⑦1文目の最後の語が his daughters であることを指摘する。

　T: OK. The last two words of the first sentence are his daughters.
　　And what was your second sentence again, GB?

⑧GB の文の初頭に his daughters がすぐに来ることに気づかせるために，
　GB に2文目を言わせる。

　GB2: While his daughters were playing, he had nothing to do.

　T: Thank you. When the last part of the first sentence is "his daugh-
　　ters," do you say "his daughters" again in the next sentence?

　GB:（ハッとして）Ah-... No.

T: If you don't want to repeat the words "his daughters", what would you say instead? Anybody?

GE: "They."

T: Excellent! Now, which sounds more natural, GA's idea or GB's?

などという具合に，生徒は1文目でhis daughtersという語句が出た直後にhis daughtersと繰り返すのは不自然で，本来ならtheyというべきだということに気づき，GAの意見の方が自然であると気づきます。

他にも，1〜3文目は過去の体験として1つのストーリーとしてまとまりがあり，4〜5文目は後日のDisneyのひらめきとして1つのまとまりがあるので，この順番が最もふさわしいという考え方をすることもできます。

このように，Strip Story (SS) 活動を通じて教師は何度も同じ文を発話させ聞かせながら，生徒につながりを考えさせることができます。生徒は一度覚えた文なので，他の人が何を言っているかもよくわかり，話について行きやすいという仕組みです。

Strip Story についての FAQ

Q₁ グループ内での話し合いでも生徒に英語を使用させるのか？

A 順番決めの話し合いをするとき，英語で話すよう指導します。

Q₂ どのような教材を選べばよい？

A 平易でも，順番の意見が分かれ，しかも決め手があるような教材を探す必要があります。上記の教材とQRコードの教材はそれに当てはまります。

Q₃ グループ内の話し合いは3分程度が妥当？

A 生徒の様子次第で，さらに数分与えることもありますが長すぎないようにします。

Q₄ 違う意見が出た場合，生徒同士で話し合わせる方がよいのでは？

A 意見が分かれた場合は何回も生徒に繰り返し言わせて確認しながら，教師による具体的な発問と生徒の応答の応酬を通して，順番を考えさせます。繰り返し聞き，話すことが目的なので，生徒に「丸投げ」しないようにします。

Q₅ 生徒から予想外の意見が出てきたらどうするか？

A 生徒からどのような意見が出る可能性があるかを事前に予測するのが重要で，教師は采配のシミュレーションを行っておく必要があります。しかし，それでも予想外の意見が出てきたら，生徒とともに悩み，考えます。

Q₆ 正解が出なかったらどうするか？

A 正解を導き出すことにこだわるのではなく，生徒に繰り返したくさん発言させることに意義があり，生徒とともに考えていく姿勢が重要です。

〈SS のまとめ〉

　SS は，文字を介さずすべて頭の中で英語を動かす，いわば英語の暗算のような活動であるため，生徒にとって負荷が大きいです。しかしそれだけに生徒の英語力定着が期待でき，何より楽しい活動です。教師にとっては采配が難しい面もありますが，英語で英語の授業を行っていくための有効な訓練の場となります。本活動を教員研修などでも活用することにより，より授業力の高い教師を育成することも可能です。

〈SS のもう 1 つの教材例〉

　ここでもう 1 例，英文自体は大変平易にもかかわらず，2 つの意見にはっきりと分かれる例を紹介しましょう。あえてバラバラに提示しますので，生徒になったつもりで考えてみてください。

But it is very difficult for me to get up so early.
They go to the flower market at 4.00 a.m.
My grandfather opened a flower shop about 40 years ago.
My father works with him.
I often help them.

ONE WORLD English Course 3（平成 18 年度版，教育出版）

次の 2 通りに意見が分かれることが多かったようです。

↓ 元の文 [意見 X]	↓ ③と④のみ順番が異なる [意見 Y]
① My grandfather opened a flower shop about 40 years ago. ② My father works with him. ③ They go to the flower market at 4.00 a.m. ④ I often help them. ⑤ But it is very difficult for me to get up so early.	① My grandfather opened a flower shop about 40 years ago. ② My father works with him. ④ I often help them. ③ They go to the flower market at 4.00 a.m. ⑤ But it is very difficult for me to get up so early.

この場合も，代名詞がヒントとなります。［意見 Y］のように④が３文目に来る場合は，次に来る③は They ではなく We である必要があるため，［意見 X］の方が自然だと気づきます。さらに，別の考え方として，①②③は「祖父と父」の話，④⑤は「私」の話，という関連付けもできます。自由に発言を求めたとき，ある生徒が "Fourth and fifth sentences link together." と発言したときには嬉しい驚きでした。ちょうど直前のコミュニケーション英語 I の授業で link together というフレーズを学習したばかりで，これは使える！と思って使ったのかもしれません。まさにコミュ英と link together していました。

(5) Loudspeaker（ラウドスピーカー，LS）

通常のリスニング演習では，教員が CD プレーヤーなどを使ってクラス全員に音声を聞かせ，問題を解かせます。Loudspeaker（LS）ではリスニング教材の音声を聞けるのは一度に１人だけです。その生徒が CD 音声をシャドーイングすることで，スピーカーの代わりになります。クラスの生徒はシャドーイングされた英語を聞いて書き取ります。リスニング，シャドーイング，ディクテーション，そしてディスカッションが行える活動です。年間5〜8回実施した LS のうち，１回目の授業を再現しながら手順の詳細を説明します。

〈授業手順〉

①教材を用意する。高校１年生であれば，中学2〜3年生用の英文を用いる。検定教科書でもよいが，会話形式ではなく，説明文がよい。熊女では中学2年生用速読教材『読みトレ50』（浜島書店）を使用した。

> My host family runs a kimono shop in Kyoto. People usually don't wear kimonos, but my host parents wear kimonos every day at the shop. They have a beautiful pink kimono in the store, but it's really expensive! Can I wear it some day? I hope so.

（浜島書店『読みトレ50』"My Host Family"）
（47語，読み上げ速度は約120語／分）

②上記教材の音声データ（CD），CDプレーヤー，ヘッドホンなど機材を準備する。音声データをパソコンで再生することも可能である。

　＊本教材の音声データは，教材（冊子）の購入と合わせて学習指導において使用が許可されているものです。使用にあたっては著作権上の配慮が必要です。

③スピーカーになる生徒を選ぶ。交代でスピーカー役をしていくので，座席の縦1列を前から順番に，のように単純に選んでよい。

④1人目のスピーカー（S1）にヘッドホンを付けさせ，音量確認のため，1〜2回音声を聞かせる。

⑤S1にシャドーイングさせる。他の生徒にはまだ書き取りをせず，シャドーイングされた英文を聞くように指示する。続いてS2，S3にシャドーイングさせるが，他の生徒はまだ書き取りを始めないように指示する（S1だけでも十分な場合もある）。

⑥4人目のシャドーイングから他の生徒に書き取らせる。6〜7人目くらいまで続ける。

⑦書き取った英文を生徒同士で比べさせる。生徒は書き取れなかった部分を補充し合ったり，次のディクテーションではどこに集中して聞くかといった「作戦」を立てたりすることがある。

⑧続く8人にシャドーイング，他の生徒にはディクテーションをさせる。

⑨再び生徒同士で話し合わせる。教員は机間巡視して生徒の書き取りがどの程度完成しているかを観察し，あと何人にシャドーイングさせるかを考える。

⑩必要があればシャドーイングとディクテーション，話し合いを繰り返す。

⑪黒板を縦に5分割する（教材が5文であるため）。1文につき1ペア（1グループ）を指名し，書き取り結果を書かせる。

⑫全員で音声を聞きながら答え合わせをする。

授業者として気づいたことを以下，「よくある質問」への回答形式でまとめます。

Loudspeaker についての FAQ

Q1 教材レベルはなぜ中 2〜3 ？

A 初めて聞く英文であることを考慮して，高 1 でも中 2〜3 用の英文を使用します。高 1 用の英文でもリスニングはできますが，シャドーイングは難しいです。少し努力を要しますがなんとかシャドーイングができる難易度，ということで『読みトレ 50』レベルの英文が使用しやすいです。

Q2 クラスサイズは？

A 熊女ではコミュ英 I の時間でコアラを実施したため，通常の 1 クラス（40名）で行いました。40 名をいくつかの班に分けて行う例もありますが，熊女では 40 人の生徒が持つエネルギーとそこから生まれる協力体制を活用することにしました。

Q3 スピーカーを選ぶ際の配慮は？

A 人前で話すことが極端に苦手な生徒などには配慮が必要です。事前に活動内容を伝え，スピーカーになれるか尋ねておくなどの対応をするとよいと思います。

Q4 シャドーイングがうまくできなかった生徒への配慮は？

A 金谷氏の指導により，うまくできてもできなくても，そのことについてコメントはしませんでした。コメントしないことが最大の配慮になると考えています。

Q5 ディクテーションには特別なワークシートを用意するか？

A 特別なワークシートではなく，罫線付きの用紙か白紙を配布しました。金谷氏から 1 枚は書き取り用，もう 1 枚は清書用にすると生徒が考えを整理できてよいと指導していただきました。

Q6 生徒同士の話し合いは英語で？日本語で？

A 筆者は日本語で行わせていました。第 1 に，生徒がすでに一種の興奮状態で盛り上がっていたので，介入しない方がよいと思ったからです。第 2 に，この話し合いでは不自由なく意見が言えた方がよいと考えたからです。生徒たちは，初めは書いたものを単純に比べていましたが，次第に聞き取れなかった単語について，文法的に考えるとこう言っていたのではないかなどと推測するようになりました。初めに LS はシャドーイング，リスニング，ディクテーション，ディスカッションを同時に行う活動と書きました

が，実はこの話し合いの部分こそ重要なのです。「中学英語の総復習活動」が生徒の自主的な話し合いによってこそ成り立つのです。日本語で話しても知識の整理になるし，英語で話せばディスカッション練習になります。筆者としては，初めから「日本語禁止」にするのではなく，2回目以降，生徒に提案して英語での話し合いに移行するのがよいと思います。

Q7 結局，1時間で何人がスピーカーになるか？

A シャドーイングとディクテーションの出来にもよりますが，40人のクラスであればその半分，20人程度にスピーカー役をさせます。

Q8 答え合わせの方法は？

A 1文ずつCDの音声を流して，黒板の答えと比べていきます。ただ単に○×をつけるのではなく，生徒に質問を投げかけて進めていきます。ここでは教師が英語で采配します。今回の英文を例にとると，第1文を My host family run kimono shop in Kyoto. と書いたとします。生徒には「run でいいかな？」と問いかけ，「runs だと思います」と返ってきたら「なぜ？」とさらに問いかけます。kimono shop の前の冠詞についても同様に問いかけていきます。その後，音声を聞いて確認します。全部確認し終わったら，全員で音読します。ここまでで約40分かかります。

　2回目以降のLSの授業の様子を，教材例を示しながら説明します。『読みトレ』は先述の通り中学生用の速読教材で，『読みトレ50』は中学2年生，『読みトレ100』が中学3年生用です。『50』は交換留学生のサラ，『100』は交換留学生のビルが語り手で，両方とも彼らが体験している日本での学校生活と日常生活を日記として綴ったものです。中学時代にこれらの教材を使用していたと話す生徒もいて，比較的よく使用されている教材なのだとわかりました。しかしLSでは使用法が全く異なりますし，活動内容を成績に反映させないので，公平性を欠く等の問題はないと考えて使用しました。次に示す教材はLSの3回目あたりで使用したものです。

I see a lot of police officers on bicycles. They wear their regular uniforms and ride regular bicycles. Can they really chase bad people with those heavy bicycles? In Boston, police officers ride bicycles downtown, but they have mountain bikes and wear shorts in summer. They can go fast, and they can catch bad people.

(浜島書店『読みトレ50』"Japanese Police Officers on Bicycles")
(55語，読み上げ速度は約100語／分)

英文を読む限りでは上掲の My Host Family と難易度の差はほとんどないと言えるでしょう。しかし生徒がシャドーイングするのはなかなか難しかったようです。多くのスピーカーが regular, chase, heavy, downtown, shorts を聞き取れませんでした。よってディクテーションもなかなか進みませんでした。「制服」や「自転車」を regular で形容することに慣れていなかったこと（英語の使い方），普通の自転車が heavy であるとは思ってもみなかったこと（人生経験），そして警官が wear shorts することが想像できなかったこと（文化的相違）などが原因と思われます。黒板での答え合わせでもこれらの語が空所として残されていました。

　しかし，こんな時こそチャンスです。これらの空所を埋めるため，教員がヒントを出して生徒から答えを引き出せばよいのです。例えば，regular uniforms の部分で教員が "What uniforms do Japanese police officers wear?" と問いかけると生徒からは "They wear uniforms." といった答えが返ってくるでしょう。教師は "What kind of uniforms do they usually wear? Special one for the ceremony, for example?" などと誘導します。そして special の反対で "re" で始まる英単語は何かを考え，regular にたどり着きます。wear shorts の部分ではその後に来る in summer が大きなヒントになることは言うまでもありません。

（6）生徒・教師の変容

　コア・ラーニング（コアラ）を取り入れたことで，生徒の英語力が伸びたかと問われたら，答えは「不明」です。模試の結果の推移を見ても統計的に優位な証拠となるデータが得られませんでした。しかし，数字で示される効果以上のものは得られているのではないかと思います。以下の項目で説明します。

［1］生徒の感想

　試行期間の 2016 年度に行ったコアラに関する生徒アンケートの回答を抜粋します。

① Strip Story（ストリップ・ストーリー・SS）

Q1：良かった点，向上したと感じた点は何ですか。

・友達と一緒に考え，協力し合うことが楽しく，英語が楽しく学習でき，関心を持つようになった。
・コアラがあるので，英語でもっと話そうとするようになった。最初より日本語が少なくなってきた。
・文の構造がわかるようになり，文の順番を主語や接続に注目して考えることも増えた。
・英文をとっさに覚えて班員に伝えることが新鮮で，その力を身につけることで英語をより身近に感じることができ，やりきったときの達成感があった。

Q2：困難な点，改善したい点，改善してほしい点は何ですか。
・順番を話し合うときについ日本語を使ってしまうので，使わないようにしたい。（同意見複数）
・暗記する時間や順番決めの時間が短いので，もっと長くしてほしい。
・英語が得意な人ががんばって答えを考え，苦手な人は自分の文だけ言って終わりにしてしまっている。

Q3：学んだことは何ですか。
・コアラを始めたばかりの頃より，英文を覚えるのも，頭で考えて並べるのも上達した。キーワードや主語から文のつながりに気づけるようになりたい。コアラはとても好きなので積極的に取り組みたい。
・リスニングの力をもっと高めて，的確に内容が聞き取れるようにしていきたい。並べ替えは，なぜそうなるか根拠までしっかりと考えて，入試でも役立つようにしていきたい。

② Loudspeaker（ラウドスピーカー，LS）

Q1：良かった点は何ですか。
・聞く回数を重ねるごとに書き取れる量が多くなってきて嬉しかった。
・わからなかった部分は意味や文法を考えて補えたところ。
・聞き取りながら，書き取っている物語のストーリーを考えたり，予想したりしながら書くことができた。
・グループで意見交換ができたのが楽しくて勉強に役立った。
・ＣＤの音声だけでなく，実際の声の英語がたくさん聞けるのがいいと思った。

Q2：困難な点，改善したい点，改善してほしい点は何ですか。

・書き取りのスピードが追い付かないので苦しかったが，繰り返すことで
　だんだんとわかってきた。
・話し合いに日本語も入れてしまったので，全部英語で話せるようにし，
　英語を実践的に使えるようにしたい。
・次回からは自分から挙手してシャドーイングに挑戦したい。

　いかがでしょうか。コアラ授業の効果は数字にこそ表れませんでしたが，
学習意欲の向上には大いに役立っていると言えるのではないでしょうか。
これは筆者の個人的見解ですが，学習者自身の努力なくしては語学の上達
は望めません。コアラ授業は自律的な学習態度を育てることに大いに貢献
できるものと考えます。

[2] 教師の感想
　以下，実際にコアラ授業を行った同僚の意見を掲載します。

①コアラ授業の良い点
・負荷（筆者注：英文を見ない，口頭のみでやり取りする等）をかけた活動
　で，中学校レベルの教材を生徒は繰り返し発話することになり，定着に
　つながる。
・生徒の論理的思考力，発信力，積極的に英語でコミュニケーションを図
　ろうとする態度を養う。
・生徒は発表の場に慣れ，コアラのみならず，普段の英語授業やＴＴにも
　好影響を与える。

② Strip Story（SS）の困難な点
・生徒の答えが予測不能なことが多く，その場（筆者注：クラス全員でのディ
　スカッション）で生徒の意見を整理して考えを導き出さねばならない。
・こちらで予測していた難易度と，実際に生徒が活動してみての難易度が
　往々にして異なる。
・コミュ英Ⅰの進度に影響を及ぼす。
・適切な教材選びが困難である。

③ Loudspeaker（LS）の困難な点
・グループディスカッションの時に英語を話させることが困難である。

　実施した教師はコアラ授業の効果を認めていますが，教材の準備や話し合いを英語で采配する技術に不安を感じていることがわかります。教材に関しては，中学校の教科書や『読みトレ』のような中学生向けの教材，高校なら易しいレベルの教科書から取り出すとよいと思います。采配技術に関しては，経験を積む以外に向上の方法はないと思われます。教師こそ，"Don't be afraid of making mistakes." と言えます。金谷氏からも「SS のクラスディスカッションで，先生が（生徒のさまざまに異なるアイディアに）混乱してしまったのなら，『困ったな〜』と言えばよい。焦らずに1つ1つの答えを生徒に確認しながら進めればよいのであり，そのプロセスが良い学習になる」とのアドバイスをいただいています。

（7）おわりに
　以上が熊女コアラの実践報告です。原稿を書いてみて，コアラは負荷のかかる活動でありながら，生徒が楽しみながら行うことができるプログラムであるとあらためて実感しています。コミュニケーション英語の時間に行うコアラ授業の他に，考査後の授業や長期休業中の補講の中等でも，生徒に英語を話させたいなと感じた時に投げ込み活動としても行えます。生徒もコアラで英語を話しながら，適度に周りと競争することの楽しさを感じていたようです。そうした生徒を見ながら，教師の生徒を見る目，いわゆる生徒観も変わっていったと思います。"Don't be afraid of making mistakes." と言うのは簡単ですが，実際に英語を使いながら trial and error を経験させる機会を提供できるのもコアラなのです。コアラの采配を経験することで，英語教師の授業力向上にも貢献できます。

　お読みいただいた先生方にはぜひコアラを試していただきたいと思います。私たちがそうであったように，教室で行う前に，まずは同僚の先生方と生徒役・先生役として練習してみることをお勧めします。

7.2 不動岡タイプ

　熊女タイプの「コアラ」が特別プログラムを2週に1度ぐらいの頻度に分けて実施するのに対して，高1の最初に集中して「ブリッジ」として実施するタイプのものを紹介します。

(1)「不動のブリッジ」導入への流れ

　埼玉県立不動岡高校は，創立138年という県内一長い歴史を持ち，1学年約360名（9クラス）規模の高校です。ほぼ全員の生徒が大学進学を目指して切磋琢磨しています。本校では中学・高校の英語のギャップを解消すべく，平成29（2017）年度1年生よりブリッジ活動「不動のブリッジ」を実施しており，令和4（2022）年度で6年目となります。

　「不動のブリッジ」を始めるにあたって，平成28（2016）年度には，埼玉県立熊谷女子高校にて行われた「コアラ」の研修会に参加し，Strip Story を体験，また同高での Loudspeaker を使った授業の様子を動画で参観しました。ここで，教材についてのアドバイスや授業案を共有していただいたことが，大きな礎となっています。

　このように，「不動のブリッジ」は，熊谷女子高校の「コアラ」の活動をもとに作られたものですが，異なる点はその実施時期です。熊谷女子高校の「コアラ」は15回の授業を，年間通して分散させて実施しているとのことでした。それに対して，本校の「不動のブリッジ」は1年生の入学直後の5週間程度で集中的に行っています。このような実施形態に至ったのは，中高の英語をつなぐ「ブリッジ」として実施するのであれば，入学時に連続して行った方が生徒の意識が集中しやすく，効果が出やすいのではないかと考えたためです。実際にこの活動を入学当初に集中的に行ってみると，生徒間のアイスブレイク的な作用があるということもわかり，これは想定していなかったメリットでもありました。

(2) 旧教育課程の取り組み
（平成29（2017）年度から令和3（2021）年度まで）

　前述の通り，本校では，入学当初から1学期中間考査までの約5週間，教科書を一切使わず，中学校の教科書や多読用教材をもとに作成した教材

を使用して，"Strip Story"と"Loudspeaker"を使った授業を行い，中学英語から高校英語への橋渡しを行っています。この2種類の活動を総称して「不動のブリッジ」と呼んでいます。

1つ目のブリッジ活動"Strip Story"は，コミュニケーション英語Ⅰの3単位のうち，2単位で実施しました。残りの1単位ではALTとのTeam-Teachingで別途のアウトプット活動を行いました。コミュニケーション英語のクラス規模は40名で，5人組を8グループ作ることができるため，Strip Storyを行うのには適したサイズです。入学直後最初の授業からこの活動を行うので，合計8回程度実施しました。

"Loudspeaker"は，英語表現の授業2単位すべてを使って実施しました。この授業では少人数制を採用しており，1クラス約20名で展開しています。少人数制は殊にLoudspeakerに最適であると考えます。というのも，この活動では生徒が1人で前に出てシャドーイングを行うので，心理的負担を軽減するという意味において，やはり少人数クラスの方が適しています。実施回数についてはLoudspeakerも合計8回程度行っていました。

（3）「不動のブリッジ」と1学期中間考査

教師として一番気になることが，定期試験であろうと思います。本校では，1年生1学期中間考査を「英語」として，コミュニケーション英語Ⅰ，英語表現Ⅰ（現在は英語コミュニケーションⅠ，論理・表現Ⅰ）の2科目同時に50分間で実施していました。内容は，大まかにリスニング，英単語，英文整序，初見読解問題等で構成されます。リスニング問題でLoudspeaker，英文整序問題でStrip Storyを題材としました。授業内で扱ったものも出題しますが，同一形式の新出問題も出題していました。評価については，Loudspeakerを英語表現Ⅰ，Strip Storyをコミュニケーション英語Ⅰの得点としていました。

（4）新たな歩み（令和4（2022）年度から）

令和4（2022）年度より，不動岡高校ではそれまであった外国語科が募集停止となり，9クラスすべてが普通科となりました。これに伴い，それまで外国語科の生徒に行ってきた専門性の高い英語教育を普通科にも広め

ていくという方針を立て，新たにブリッジ期間をゴールデンウィーク終了までの2週間に縮小し，その後の英語教育活動（特にアウトプット活動）につなげていく形で実施しています。つまり，ブリッジ期間終了後には，教科書を開くと同時にアウトプット活動も本格的に開始するという流れになります。

アウトプット活動の具体的な内容ですが，英語コミュニケーションでは，ALTとのTeam-Teachingを深化させ，スピーチ，プレゼンテーション，ディベート，ディスカッション等のスキルを基礎レベルから鍛錬し，英語を使いこなすことを目的に授業を展開しています。

1学期には「発表」の練習を積み重ね，プレゼンテーションを行いました。自己紹介的な内容から始め，教科書の内容に合わせ環境問題に関するプレゼンテーションも行いました。2学期からは，「やり取り」を重点的に習得するため，ディスカッションとディベートをTeam-Teachingの授業に組み込み，やり取りの練習の機会を多く設けました。題材は英検のライティングやスピーキングの問題をヒントにALTと共同で作成しました。これらすべてのアウトプット活動でパフォーマンス評価を実施，成績に反映させました。

論理・表現では，11月に毎年開催する校内英語スピーチコンテストへの参加へ向けた指導を1学期中間考査後（不動のブリッジ終了後）から開始し，夏休みの宿題として全員に400語程度のスピーチ原稿を作成させました。お盆前に原稿の締め切りを設け，Google Classroomで提出させ，夏休み中に教師が訂正箇所の指摘，ルーブリック評価を行いました。2学期が始まるとスピーチの発表練習を繰り返し行い，原稿を覚え，ジェスチャーや聴衆とアイコンタクトをとりながらスピーチができるように練習の時間を作りました。その後クラス内コンテストを経て，各クラスの代表者が校内英語スピーチコンテストへ出場する運びとなりました。クラス代表に選出された生徒の中には大学主催のスピーチコンテストなどにも出場し入賞する者も現れました。

一見すると，これらのアウトプット活動とブリッジ活動は，それぞれ独立しているように見えますが，生徒への聞き取り調査とアンケート結果を見ると，関連があることが見えてきました。調査対象となった筆者の受け持つ1学年の生徒の約9割が，「ブリッジ活動を行うことによって英語を

話すことへの抵抗感が減った」と回答しています。中学高校の英語の橋渡しとして行ってきたブリッジ活動ですが，特に生徒の心理的な面において，その後の「話すこと」つまりアウトプット活動に良い影響を与えていることがわかる結果となりました。

　続いて，Strip Story の活動を通してどのような力（意欲）が伸びた（増した）と感じるかを問うたところ，過半数の生徒が「仲間と協力する力が伸びた」，「英語でコミュニケーションをとろうという意欲が増した」と答えています。これらの力（意欲）は，ディスカッションをする上で重要な力であると言えます。

　Loudspeaker については，「英語を聞き取る力」と「書き取る力」が伸びたと思うと回答する生徒が，それぞれ 77％，54％ と多くいました。これらは，ディベートで求められる力として挙げられます。実際，ディベートの授業では，相手の顔を見て必死に聞き取る様子が見られます。ブリッジ活動によって湧き起こった意欲や伸長したと感じる力が，以降の生徒のアウトプット活動に影響を与えていると考えられます。アンケート自由記述欄にも，「4 月当初のブリッジ活動によって，英語を話すときの不安が取り除かれた」という旨が書かれており，心理面によるブリッジの影響は大きいと感じます。

（5）その他の活動 ── 多読活動

　本校では Strip Story，Loudspeaker と並行し，多読にも力を入れています。こちらは「不動のブリッジ」ではありませんが，中学生でも読めるレベルから開始するため，中・高の読むことのブリッジとしての役割も兼ねていると考えられます。多読を行っている学校はたくさんあると思いますが，特にユニークな方法を行っていたのでここで紹介します。

　令和 3（2021）年度入学生までは，5 人組グループを作り，班員それぞれ異なる Graded Reader（Oxford Bookworm シリーズ）を生徒自ら 10 冊選ばせて，1 年かけてグループ内で交換しながら多読を進めるという取り組みを実施していました。折に触れて，ブックレポートを提出させたり，グループごとに好きな 1 冊について，ブックトーク（読んだ本について 1 分間のプレゼン）を行ったりして生徒の読書意欲を刺激する形で 1 年間モチベーションを維持します。学年によっては，1 番多く読んだ生徒に表彰状

を贈るということも行いました。2年生になると，クラス全員1人ひとりがより高いレベルの本を1冊ずつ選び，定期的に交換していくという方法で多読を進めていました。この方法で英語の本を読み始め，読書の面白さに気づき，図書館などで他の英語の本を借りながら1年間で50冊以上読破するような文字通り bookworm も毎年のように出現しています。

　令和4（2022）年度入学生からはタブレット端末導入により，多読教材もデジタル化を進めました。7月から開始し，12月末までで，多い生徒は22冊読破しています。1か月に1冊以上読むことを課題としており，夏休みには3冊読むことを課題としました。12月の時点では最低でも7冊を読破しています。教員側からの利便性としては，生徒が何冊読んだかをオンライン上で確認できる点が挙げられます。生徒側は，200冊以上あるデジタル本棚の中から自分のレベルと興味にあったものを選べるという利点があります。コロナ禍において紙媒体の本を交換するということが敬遠されがちだったこともあり，デジタル化にはメリットを感じています。

（6）教員の感想と課題

　ブリッジ活動について，実際に行ってみるとさまざまな効果があるように思います。何人かの教員からの感想をここでまとめてみます。どの教員からも出てくることとして，生徒が活動自体を楽しんでいるということがあります。生徒に聞き取りを行った際にも，「あれ楽しかったですよね！」「またたまにやりたいです」と言った肯定的な発言が聞かれました。生徒の側からすると，楽しみながら「気づいたら英語を使っていた」という感覚に近いのかもしれません。単純なことではありますが，入学直後多かれ少なかれそれぞれ不安を抱えながら登校する生徒もいる中で，楽しいと思えることは高校生にとって大事なのかもしれません。そして，楽しいという雰囲気の中で，高校では「英語は使うものだ（話すものだ）」という意識が自然と芽生えているようにも感じます。ブリッジ活動ではありますが，不動岡の英語への入り口としての役割も担っているように思います。

　先にも述べましたが，どちらの活動も，インタラクションを伴う活動であるので，アイスブレイク（人間関係づくり）的な要素があると言えます。ここに，入学当初に集中して連続で行うことの大きな意義があると感じられます。教員の側から見ると，生徒を観察するよい時期でもあります。入

学して間もない頃は生徒の人となりがわからないため，活動の様子を観察することで生徒1人ひとりの顔が見えてくると感じます。特にLoudspeakerについては，1人ひとりがシャドーイングを行うので個々の習熟度を把握しやすいという意見もありました。

　次に，課題についてですが，Strip Storyについてあげると，教材探しが難儀であるということがあります。新しい素材を探すとなると，制限が多くあります。中学生レベルの単語で構成された短い文で，5文完結のストーリー，しかも，現在の中学生が使っている教科書を材料とするとその教科書を使用したことがある生徒がかなり有利になるため，古い教科書から探す必要性があります。こうなるとかなり難しいものです。これについては，持っている教材を学校間で共有できる方法があるとよいのかもしれません。

　Loudspeakerについては，声が小さい生徒や，極度に自信がない生徒に対するその場でのフォローが難しいという声が聞かれました。一方で，Loudspeakerは面白くて毎回笑いが溢れた，という教員もおり，生徒の英語への向き合い方や，生徒間に流れる雰囲気，または生徒と教員の関係性（学年に所属する教員かどうか）によるところも大きいのかもしれないとも感じます。

　また，これは本校独自の課題ではありますが，1年生の1学期それも入学当初に集中して行う活動のため，生徒にとっては特別感が強いとも言えます。そのため，教科書を開き通常の授業が始まると，Strip StoryもLoudspeakerも授業内に組み込むことが難しいという点が課題としてあげられます。よいタイミングがあれば，熊谷女子高校のようにスポット的にも入れたい活動ではありますが，なかなかその時間を捻出できていないというのが現実です。1年生最後にもう一度数回行うと，もしかしたら，成長が生徒たちの中でも感じられてよいのかもしれないとも思います。

（7）導入に当たり留意した点

　実際に本校でブリッジ活動を開始するにあたっては，教科書を使わないことに対する保護者や生徒の不安を取り除いておくことも重要と考え，入学前に行われる入学説明会において本校での英語学習について話すとともに，ブリッジ活動についても説明を行いました。保護者向けに書面でのお

知らせも配布するなど，ブリッジ活動の目的と期待する効果について丁寧に説明を行っています。

　次に，教材についてですが，現在 Strip Story に使用している英文は，熊谷女子高校から共有していただいたものを参考に，複数の教員で手分けして作成した本校独自のものを採用しています。中学校の教科書や多読用教材をほぼそのまま使用したものもありますが，教科書をヒントに，5 文でストーリーが完成するように調整したものもあります。ALT に作成を依頼したこともありますが複雑な文になる傾向があり，日本人教員が生徒の実態に合わせたものを手作りする方がよいと感じています。現時点で使用しているストーリーは，試行錯誤を繰り返し，扱いにくいストーリーを改良したり，新しいものに変更したりしながら，2～3 年かけて出来上がったものです。細かいことではありますが，使用する用紙は，熊谷女子高校の先生方から助言をいただき，通常のコピー用紙より厚めのケント紙に印刷し，複数回使用しても破損しにくいよう工夫しています。

　Loudspeaker の音声教材については熊谷女子高校に倣い，中学生用多読教材（中学 2 年レベル）の音声を利用しています。ヘッドセットは，学校の備品として揃えました。

(8) おわりに

　小学生の息子の外国語活動の様子を見ると，Wow! と言いたくなることが度々あります。クラス全員の前で家族を紹介する短いスピーチを英語で発表したり，プロジェクターで写真を投影しながら，自分で調べた国の紹介するプレゼンテーションしたりしているというのです。中学生から英語を始めた私には到底考えられない世界です。もちろん紙媒体でのテストも行われていますが，印象として，授業では楽しい雰囲気を醸し出しながら，英語での発話を促しているように感じられます。加えて，母語である日本語を介さずに英語を英語で理解させようとする意図も感じられます。そのエピソードを 1 つ共有したいと思います。私が眺めていた本の中に，under という単語を見つけて，息子は「この英語，知っている！」と言って，手をグーにしてボールのような形を作り，それをダイニングテーブルの下に持っていって，私に見せ「こうでしょ？」と満足げに言いました。「下に」という日本語による意味ではなく，完全にイメージ（絵）で

under という単語を習っているのだと感じた瞬間です。英語の意味を感覚的に捉えているようにも見えます。このような子どもたちが、あと数年で高校生になります。そのとき、我々高校の教員はどのような英語教育をすべきなのでしょう。

　ここ数年、「話すことは好きだけれど、文法が苦手です」という悩みを打ち明ける生徒が増えてきていると感じています。十数年前、私が初任者として教壇に立ったときには聞かなかったような悩みです。授業中においてもペアで会話をするような場面で、流暢とは言わないまでも、臆することなく会話を始めます。不動岡ではブリッジ活動の助けもあってか、固まってしまって全く話さないという生徒はほとんどいません。先日実施した英語合宿では、言いたいことを正確に伝えたいから正しい文法で話したいが、なかなかできないと吐露する生徒が散見されました。「雰囲気で、何となく、それらしいことを言える」が、自分が言いたいことを正確に伝え切れていないことにもどかしさを抱いているという印象です。「話してみる」ということはできる生徒が増えてきた現在、正確性を高めながら流暢性を上げていくにはどうしたらよいのでしょう。教員側も試行錯誤を続けながら、インプットとアウトプットのバランスを取り、英語を使いこなす仕掛けや場面をもっと普段の授業の中に組み込んでいく必要性があるのではないかとも思います。ブリッジ活動も、新しい段階にきたのかもしれないと感じています。

7.3　浜松湖南タイプ

　特別プログラムの実践例の最後に、英語表現（英表）の科目をすべてコアラの活動に置き換えてしまうという大がかりな例を紹介します。英表をコアラにしてしまうという意味では、高校の科目とは独立したプログラムを実施する、このセクションの他の2つの例とは趣を異にしています。

（1）導入の経緯
　まず、筆者の前任校である静岡県立稲取高等学校での取り組みについてお話ししたいと思います。稲取高校は平成28（2016）年度・29（2017）年度に、文部科学省の「外部機関と連携した指導力向上事業」の協力校とな

り，金谷氏にご助言をいただきながら，授業改善に取り組みました。その
ときは，ITEL（Inatori Textbook-based Learning）というネーミングで，検
定教科書だけを使って，徹底的に教科書本文を定着させようと，さまざま
な音読活動などを行い，スピーキング活動につながる授業スタイルを作っ
ていきました。

　この期間，生徒の実態を把握し，生徒に合った教科書を選ぶことや，本
文をきちんと頭の中に残すことが，生徒にとってどれだけ必要なことかを，
肌で感じました。授業に集中できていなかった生徒も，楽しく授業に参加
するようになりました。そして，教室に行く足取りが重かった教員も，
「授業が楽しい」と思えるようにもなりました。外部の方にご助言をいた
だき，教科内で話し合いを続けると，こんなにも生徒も教師も変わるのか
という驚きさえありました。稲取高校に勤務していたとき，アルクのセミ
ナーにも参加しました。そのとき，埼玉県立熊谷女子高等学校のコア・ラー
ニング（コアラ）を知りました。2年間の取り組みを終え，筆者は，静
岡県立浜松湖南高等学校に異動となりました。

　浜松湖南高校に異動した年度は，1年生のコミュニケーション英語Ⅰを
担当しましたが，教科書のレベルが生徒に合っていないと感じていました。
生徒の書く英作文を見ても，中学英語が定着していないことは明らかでし
た。しかし当時は，次年度の使用教科書を選定する教科会議が行われてお
らず，現1年担当者が新2年の教科書を選び，現2年担当者が新3年の教
科書を選び，現3年担当者が新1年の教科書を選ぶという状況でした。

　浜松湖南高校での勤務2年目，私は1年生の英語表現Ⅰを担当すること
になりました。担当者は筆者を含めて3人でした。英語表現Ⅰの教科書は，
高校3年生が網羅的に文法を確認するような教科書であり，これを1年生
で使用するには無理があると感じました。そこで，担当者間で話し合い，
1年生では基礎基本の定着を目標にしました。そして，「コアラ」という
取り組みを，本校でも実施してみないかと提案しました。そのときの担当
者は非常に理解があり，すぐにコアラを始めることになりました。検定教
科書は，生徒が英語を使って活動するために必要な文法演習のページと，
アクティビティのページのみを使用しました。

　『英文法リアクション・トレーニング基礎編』（アルク）を帯活動に入れ，
週に1時間は，Loudspeakerを実施しました。1年間継続して，リアクシ

164

ョン・トレーニング基礎編と Loudspeaker を行いました。Strip Story は，数回しか実施できませんでした。もっと頻繁に実施したいと思ってはいても，教員の準備が充分にできていなかったからです。まずは，生徒も教員も Loudspeaker に慣れる 1 年としました。

　翌年，私は 2・3 年生を担当することになったため，浜松湖南高校でのコアラは，一旦休止となりました。コアラに良い感触を覚えていたので，どうにか基礎基本の定着を目指した授業を行いたいと思い，年度末の教科会で，指導方針の共有を提案しました。この年度の校長，教科主任をはじめ，英語科の先生方は協力的で，1 年生では基礎基本を定着させようという共通認識ができ，令和 3（2021）年度を迎えることになりました。

　そして，令和 3（2021）年度，浜松湖南高校 4 年目にして，筆者は 1 年生を担当することになりました。令和 3 年度入学生普通科の 1 年次のカリキュラムは，コミュニケーション英語 I が 4 単位，英語表現 I が 2 単位でした。コミュニケーション英語 I では，TANABU Model を参考に，取り扱う教科書のレッスンを絞り，「こってりコース」と，「超こってりコース」をベースに，教科書の本文の定着を図り，それをもとにした Talk Show をゴールアクティビティに設定しました。英語表現 I では，「英語は使って身につける」を合言葉に，熊谷女子高校で行われてきた，「コアラ」を見本に，指導内容を考えました。

（2）授業内容

　授業内容は，次の通りです。1 学期の中間テストから期末テストまでの授業時間数が 12 時間だとすると，定期テスト返却に 1 時間，朝学習をもとにしたインタビューテスト 1 時間，Strip Story（SS）に 3 時間，Loudspeaker（LS）に 3 時間，意見英作文 3 時間，予備の時間 1 時間といった時間配分です。『英文法リアクション・トレーニング基礎編』は，帯活動で毎時間実施しました。月曜日と水曜日に授業があるクラスの場合，基本的には，月曜日が Strip Story，水曜日が Loudspeaker という設定です。Loudspeaker は，LL 教室で実施しました。共有サーバーに音声ファイルを入れておけば，誰でも簡単に音源にアクセスすることができます。

中学校教材を使って負荷のかかる活動を英語表現で実施する湖南タイプ

〈50分授業内の活動〉
・帯活動（「英文法リアクション・トレーニング基礎編」，以下リアトレ）
・Strip Story（SS）
・Loudspeaker（LS）
〈その他〉
・朝学習でのライティング
・インタビューテスト
・英検3級，準2級程度の英作文問題
・検定教科書

平常50分授業の流れ

① リアトレ（15分）
② Strip Story で使用する英文を黒板に貼る
③ 本時のトピックに関わる動画や画像を見せる
④ 5人グループを作る
⑤ Useful Expressions の音読
⑥ グループ内で，誰がどの英文を覚えるか分担する
⑦ 誰がどの英文を覚えるか，全体で確認する
⑧ 2分間で英文を覚え，覚えた人から席に戻る
⑨ グループ内で，3周音読する
⑩ 5つの文の順序を考える
⑪ 2，3グループの考えを聞く
⑫ クラス全体で流れを確認する
⑬ 時間があれば音読練習・内容確認のための Q&A を行う

①帯活動──「英文法リアクション・トレーニング基礎編」

　Unit 1から順番に毎時間帯活動として実施しました。何度も繰り返し練習できるように，テキストに答えを書き込まないように指示しました。ディクテーションは，配布された用紙やノートを使って行いました。流れてくる音声にしたがって音読，答え合わせ，ペアで2回音読，ペアで和文

→英文，を口頭で練習しました。基本的に文法などの細かな説明はしていません。定期テストには，リアトレの英文を出題しました。令和4（2022）年度1年生は，英語コミュニケーションIの教科書の文法事項とリアトレをリンクさせて，リアトレのUnitの順番を変えました。

② Strip Story（SS）

　湖南高校には，ALTが1名配属されています。1年生，2年生の普通科の各クラス週1回，Team Teachingの形で参加します。ALTとの授業がある日は，Strip Storyを行いました。4月にUseful Expressions（QR参照）というStrip Storyの話し合いの中で使う表現をまとめたハンドアウトを配布し，毎回活動時に音読します。

　中学校レベルの英語で書かれた本文から，Discourse Markerが入っていたり，his/theirなどの人称名詞の所有格が入っていたりして，生徒が理由を考えながら並べ替えられそうな文を選びます。熊谷女子高校では5文で行っていたので，それに倣って5文で実施しています。6文を教材に選んだ場合，1文目を板書しておくこともありますし，6人グループで実施することもあります。

③本時のトピックに関わる動画や画像を見せる

　発音が難しそうな単語や意味が難しい単語については，ランダムに板書します。順番通りに板書すると，それが答えになってしまうので，注意が必要です。ALTの後に続いて板書した単語の発音を練習します。意味が難しそうな単語はALTが英語で説明します。

　本時の英文に関する背景知識がなく，生徒が混乱すると考えた場合，ここで状況を説明しておきます。例えば，"My host family took me to Daigoji."が含まれる話の場合，"Today's story was written by an American girl. She is staying with a host family in Kyoto."や"Daigoji is a temple in Kyoto."と言いながら，醍醐寺の写真を見せます。これを，授業の途中で行った方がよい場合や最後に行った方がよい場合もありますので，その日の英文によって，動画や写真を見せるタイミングを変えます。

④5人グループを作る

　毎回できるだけ違うメンバーで活動できるように，席替えをしながら，5人グループを作ります。人数調整のため，ALTにどこかのグループに加わってもらうこともあります。4人しかいないグループには，5文のうち

1文が書かれたカードを渡します。

⑤ Useful Expressions の音読

　生徒は，Useful Expressions の書かれたハンドアウトを机の上に出します。ALT の後に続いて音読します。毎回音読するので，生徒はそれらの表現を使って議論できるようになりました。

⑥グループ内で，誰がどの英文を覚えるか分担する

　ここから生徒は英語で活動を始めます。本校では，教室前方の黒板，グラウンド側の窓，教室後方の黒板，ドア，廊下の窓の5箇所に，同じカードを2枚ずつ貼っています。5人グループが8つあるとすると，1つの文を8人が覚えることになります。密集を避けるために，同じカードを2枚ずつ準備します。教室を歩き回った方が，生徒の眠気防止にもなります。カードをたくさん準備しなくてもよいので教員の負担も減ります。

⑦誰がどの英文を覚えるか，全体で確認する

　ときどき，グループ内で，2人が誤って同じ文を覚えてしまうことがあります。そのミスを避けるために，カードにはＡＢＣＤＥの記号を付け，"Who's A?" "Who's B?" と聞きながら，生徒に手を挙げさせていきます。

⑧2分間で英文を覚え，覚えた人から席に戻る

　タイマーで2分間を設定し，スタートとともに生徒はそれぞれの担当する英文のところに集まります。このとき，教員と ALT は生徒のところに近づいていきます。発音の仕方がわからない場合は，"How do you pronounce this word?" と生徒が聞いてきます。また，"What does this mean?" と聞いてくる生徒もいますので，英語で対応します。

⑨グループ内で，3周音読する

　2分経ち，タイマーが鳴ったら，生徒は席に戻ります。ここで教員が "Let's read the story three rounds." と言い，"I'll go first." と言った生徒から，時計回り，グループによっては，反時計周りで1人ずつ英文を読んでいきます。ここで話の内容が少し頭に入っていきます。

⑩5文の順序を考える

　音読が3周終わったグループから，文の並べ替え（整序）に入ります。ここでも英語で議論します。先ほど音読したハンドアウトを机の上に置いているので，"What was your sentence?"，"These sentences are connected." などと言いながら，並べ替えていきます。整序が終わったグループ

も，"Let's keep practicing." と言って繰り返し音読します。

　この際，教師は日本語を使っていないかを見て回ります。教師が近づいてくると，日本語を使っているグループも，英語に切り替えます。議論が止まってしまったグループには，"Who's sentence is first?" と声を掛けながら，議論が回りだすように支援します。すでに整序が終わっているグループにも同じように声を掛け，再び音読させます。"Are you sure?"，"Perfect?" と問いかけながら，音読や議論を続けるように促します。常にどのグループも声を出している状況をつくり，議論に時間がかかっているグループが最後までじっくり議論ができる環境を作っています。

⑪ 2，3グループの考えを聞く

　教室を回りながら，どのグループがどのような順序で話を組み立てたかを，なんとなく把握しておきます。どのグループも順序が同じ場合は，ランダムに2，3グループに発表させます。多くのグループが同じ順序で発表した場合，"Does any group have a different idea?" と聞いてみます。

⑫ クラス全体で流れを確認する

　1文ずつを大きく印刷したA4判の紙を用意しておきます。「このグループと，このグループの順番は同じでした。2つのグループの1文目は何だった？　2文目は？」とクラス全体に聞きながら，紙を黒板に貼っていきます。異なる順序が出た場合は，「この文の位置が，2つのグループで異なっていたね」「どのグループも，この文とこの文は連続していたね。なぜそう考えたかな」と順番を確認していきます。自主的に挙手した生徒，またはこちらがランダムにグループを指定し，その順序にした理由を言ってもらいます。

⑬ 時間があれば音読練習または，内容に関して英語で質問

　本文をYes/No疑問文に変えた程度の質問をするため，生徒は本文を見て簡単に解答できます。

(3) Loudspeaker（LS）

　Loudspeakerを行う日には，リアトレ（帯活動）は実施しません。なぜならLoudspeakerだけで，あっという間に50分が過ぎてしまうからです。

　準備するものは，CDプレーヤー1台，iPadやChromebookなどの端末とイヤホンです。

授業のはじめに，スモールトークを行います。例えば，本時の話題が温泉であれば，「冬と言えば？」と生徒に質問していきます。「温泉」と言った人がいたら，そこから生徒と簡単な温泉についてのやり取りをします。ウォームアップができたところで，4人グループを作っていきます。

　各グループのメンバーをA・B・C・Dとします。シャドーイングを行う時間は，およそ80秒です。"A san, are you ready? Ready set go!" と教員が行って，Aさんが一斉にシャドーイングを始めます。生徒に任せてシャドーイングをさせることもできるのですが，同じ人だけが行うことがないようにこの形をとっています。それぞれの生徒に何度もシャドーイングをしてもらいたいので，4人グループで活動をする形にしています。

　各グループで1人ずつ，シャドーイングをします。4人目のシャドーイングが終わったところで，"What is today's story about? Talk in your group in Japanese." と伝え，聞き取ったことを確認し合います。この話し合いの中盤あたりで，ディクテーション用の紙を配布していきます。

　ここからLoudspeakerが始まります。Aさんがシャドーイングをしている間，B〜Dの3人は，ディクテーションをします。続いて，Bさんは，音に集中するためメモ用紙を伏せます。このような流れで，DさんまでシャドーイングをいきますここでⅠ分間，話の内容や聞き取った英文について話し合いをさせます。辞書はいつ使ってもよいことにしています。再び，Loudspeakerを1周行った後，再び話し合いの時間を取ります。

　生徒が活動している間，教師は各グループの書き取ったメモを見て回ります。生徒がどこで躓いているのかを確認していきます。続いて，教室全体に向けて音声を2回流します。この時生徒は，新たな気づきがあると自分の英文を訂正していきます。生徒がはっとしたり，自分の書いた英文が正しかった場合，「ほら，私の英文が，正しかったでしょ。」と自慢げな顔をするのは，見ていて微笑ましいです。特に指示しなくても，自分の英文があっているかどうか，気になるため，自然と音声に耳を傾けることができています。

　このあと，各グループに1文ずつ分担して，すべての文を黒板に書かせます。すべての文が黒板に書かれたら，先ほど指名したグループ以外の生徒に前に来てもらい，自分たちの文と異なる部分があれば，それを書かせます。

　これまでは最終段階では黒板に書かれた英文を見ながら，音声を繰り返し聞いて英文を訂正していきました。しかし，音だけを聞き取り，意味を考えることができない傾向にあったため，最近はストーリーの展開を考えながら，それに適した内容はどのように表現すればよいのかを音声を聞かずにみんなで考えています。例えば，1文目を "Naoki found the part-time job and began to save all his money." と，生徒が黒板に書いた場合，「どこか，変更した方がよいかな」と生徒に投げかけます。すると，「the ではなくて，a」という答えが返ってきます。「どうして」と聞くと，「初めて出てきた part-time job だから」と説明をしてくれます。このようなやり取りを繰り返しながら，全文を確認していきます。

　コアラを行う際はタイムマネジメントが難しいです。急いで正しい答えをこちらが教えるよりも，生徒が何度も聞いて，自分たちで考えて，内容に合った英語を使ってくれることを願っているので，じっくり待つことが多くなりました。こちらが待っているといっても，その間生徒は暇にしているわけではありません。最後まで，何が正解なのか，興味津々でいる様子が伺えます。負荷の高い活動ですが，なぞ解きをしていく感覚で生徒は Loudspeaker に取り組んでいます。何度も何度も英文を繰り返し聞くことが苦ではないようです。

（4）朝学習をもとにしたインタビューテスト

　本校では，毎朝8時20分から10分間，朝読書の時間があります。火曜日は，それが朝学習の時間となり，各学年で相談して取り組む学習内容を決めています。令和3年度の1年生は，年間を通して50語程度の英作文に取り組みました。この活動の目的は，「英語を使うことによって，英語の基礎基本を定着させる。」でした。

　例えば，"What did you do yesterday?"，"What makes you happy?"，"What is the word that describes your first year at Konan High School?" などの問いをなげかけてやり取りを行いました。朝学習の英作文は，英語表現の担当者が担当クラスの生徒の作文を読み，英語表現Iの時間に返却し，フィードバックしました。教員は1つ1つの文法ミス等を直すことはしませんでしたが，全体に共通する文法ミスを黒板に書いて，どのように直せばよいのか生徒に説明させたり，どのような構成にしたら，読み手に

伝わりやすいかを考えさせたりしました。また，ペアやグループ内で英作文を交換して，コメントを書かせたりもしました。生徒の英語への抵抗を少しでもなくすことを大切にするため，コミュニケーションに支障がない程度に書けていればよしとし，ポジティブなフィードバックを行うようにしていました。

　定期テストの前後で，教員と1対1のインタビューテストを行いました。その期間の朝学習の英作文のテーマから1つ選んで生徒に話をしてもらい，それに基づいて教員が Follow-up question を投げかけました。1つ目の質問に対しては，30秒以上話すこととしていました。Follow-up question に対しては，「"Yes / No" で終わるのではなく，自分からたくさん話しなさい」と，生徒に伝えていました。

　1クラス40人程度に対し，ALT と分担して，1時間でクラス全員のインタビューテストを行いました。待機している生徒は，英語表現 I の教科書の問題に取り組みました。教科書のレッスンの順番に進めるのではなく，コミュニケーション英語 I のターゲット文法項目とリンクさせたり，基礎定着のために必要なレッスンだけを選びました。

　英作文において，コミュニケーション英語 I の本文に出てきた表現を使う生徒がいたときには，「習ったことを使ってくれてありがとう」と嬉しい気持ちになったり，この活動を通じて生徒の趣味や学校生活のことなどを知ることができたり，生徒とのコミュニケーションの種にもなりました。"Please explain what *bento* is." というトピックの英作文を，グループで回し読みした際は授業後，廊下に出ると，2人の生徒が，「○○さんって，自分でお弁当作ってるんだって」「えー，そうなんだ。すごいね」と生徒同士でも英語で読んだことについて，話をしている姿が見られました。

　インタビューテストにおいて，生徒は自分のことを伝えようと，一生懸命頭をフル回転させていました。Follow-up question はその場で出題されるので，聞き取れない場合もあるのですが，そのようなときも "Could you repeat the question one more time?" と言って，諦めずにコミュニケーションを続けようとする姿が見えました。

　本校ではコアラを年間を通して英語表現 I の授業内で実施しました。英語表現 I の教科書は，インタビューテストの待ち時間やコミュニケーショ

ン英語Ⅰのパフォーマンステストの待ち時間に使用しました。そのため，英語表現Ⅰの授業ではStrip StoryとLoudspeakerを実施し，英語を使わせる時間を確保することができました。令和4（2022）年度の1年生は，論理・表現Ⅰにおいて，コアラを実施しています。論理・表現Ⅰの検定教科書は，英語コミュニケーションⅠの進度に合わせて，扱うレッスンを決めて使用しています。

（5）おわりに
・生徒に英語を使わせる時間をどのようにして捻出するか
「教科書の扱いを変える」

令和3年度は英語表現Ⅰの教科書，令和4年度は論理・表現Ⅰの教科書で扱うレッスンを厳選しました。

・生徒や教員にどのような変容が見られたか

令和3年度入学生は，英語でよく話し，たくさん書くことができると思います。他学年の授業を担当している先生が，「普通科の生徒が，ネイティブ教員に，臆することなく話しかけていて，びっくりしたよ。これまでの取り組みの成果じゃない？」と言ってくださったことがあり，とても嬉しかったです。Strip Storyも，Loudspeakerも，生徒が中心の授業です。頭をフル回転させて，自分たちで答えを見つけていきます。1年間，この活動を続けていますが，「今日はどんな話なんだろう」と，毎回楽しみにしている様子が伺えます。これが文法のドリル練習だったらどうでしょう。生徒は教員が話していることを「聞かない」ことも可能です。50分の授業において，英語より日本語を多く使うかもしれません。Strip StoryもLoudspeakerも，グループの中で自分が果たさなければいけない仕事がありますから参加せざるを得ません。

教員同士の教材を共有し，授業の成功談，失敗談をよく共有するようになりました。教材を選ぶときにも，本校の生徒の英語運用力をまず思い浮かべるようになりました。

令和3年度入学生は，1年次と2年次の12月にGTECを受けています。GTECでは，前年度の学年と大きな結果の差がありませんでしたので，コアラを実施したからと言って，そうしたテストに劇的な変化が現れるわ

けではありません。ただ，前述したように生徒の英語学習への取り組み方には確実に変化が見られたのです。

・今後へ向けての課題

　本校では，令和3年度は英語表現Ⅰ，令和4年度は論理・表現Ⅰの時間にコアラを実施してきました。その科目を担当する先生方の協力，意見の一致があって成立しました。

　Strip Story も Loudspeaker も，教員が活動に慣れる必要があります。それには1年ほど時間がかかります。コアラの意義を，教員が理解する必要もあります。本校では，教科会で先生方にこの活動を体験してもらったこともあります。授業見学に来ていただいたこともあります。活動の大まかな流れは，担当者で共通ですが，それぞれの教員の授業を見に行くと，雰囲気が大きく異なります。ICT を上手に活用している方もいて，コアラのデジタル化を感じます。授業見学に行き，それぞれの教員のいいところを見て，授業の改善につなげています。

　この先もずっと，本校でこの形を続けてほしいと願っていますが，教員の入れ替わりがありますのでどうなるかはわかりません。形は変えてでも，中学校英語の教材を使って，基礎基本の定着を図る活動は，必要だと考えます。基本が定着していなければ，その上に積み上げることができないからです。コアラを実施したからと言って，すぐに模試の偏差値が上がるわけでもありません。しかし，教員にとっても，生徒にとっても，「楽しく英語を使う授業」であることには間違いありません。

第 4 章
ギャップ解消のカリキュラム

新カリキュラム案「ミラカリ」誕生の経緯

　第3章では，高等学校での英語授業モデルとなる実践例を複数紹介しました。これらの高校英語授業モデルはいずれも，本書のテーマである「中学校と高等学校の英語授業のギャップを埋める」ことを実現するために，各校が取り組んできたものです。紹介されたモデルの多くは，平成21（2009）年告示の高等学校学習指導要領（外国語）の下で行われました。いずれも，各学校が英語の科目の設定や授業の時間数などを工夫して，中学校と高等学校の英語の授業のギャップを埋めて英語の定着を図ってきた例です。しかし，既存のカリキュラムの中で工夫することも大事ですが，さらに「中学校と高等学校の英語授業のギャップを埋める」という目的を達成しやすくするためには，カリキュラム自体を変えていく必要があります。カリキュラムを新しく組み立てて，それに基づいて授業を行うことによって，より効率よく中学校と高等学校の英語授業のギャップを埋めることが可能となるでしょう。

　そこで，中学校と高等学校の英語授業のギャップを埋めて，英語をより定着させることを図る新しいカリキュラムを作るという試みを行いました。カリキュラム・プロジェクト（以下，カリプロ）という名称で金谷氏を筆頭とする，大学や高等学校で教える英語教師10名のチームを作り，新しいカリキュラムに必要な要素は何か，約2年にわたり何度も議論を重ねました。次節では，まずカリプロでどのような議論をしてきたのかを説明します。カリプロでの話し合いによって生まれた新しいカリキュラムが，2.1で紹介する「ミラカリ」です。「ミラカリ」とはどのようなカリキュラムなのか，「ミラカリ」が設定する科目はどのようなものなのか，そして，「ミラカリ」によってどのような力が身につくことが期待できるのかまとめます。

2 カリプロ（カリキュラム・プロジェクト）とは

　カリプロは，東京学芸大学名誉教授金谷憲氏を中心に，有志で集まり，英語力，特に英語発信能力の定着を図る高等学校の英語カリキュラムのあり方について議論し，カリキュラムの試作を行ってきたプロジェクトです。

　カリプロのメンバーは，以下の10名で構成されています（五十音順，敬称略，所属は2023年11月時点）。

金谷　憲	東京学芸大学　名誉教授
岩瀬　俊介	学校法人石川高等学校・石川義塾中学校　教諭
川本　渚凡	東京外国語大学　特任講師
閑野　眞理子	埼玉県立大宮高等学校　教諭
齋藤　澄江	埼玉県立伊奈学園総合高等学校　教諭
砂田　緑	東京学芸大学　非常勤講師
投野　由紀夫	東京外国語大学大学院　教授
中村　隆	明治学院高等学校，都留文科大学文学部英文学科　非常勤講師
本多　綾子	学校法人智香寺学園 正智深谷高等学校　非常勤講師
光田　怜太郎	東京学芸大学附属高等学校　教諭

　2020年8月13日に第1回カリプロ会議を開催し，最初の2か月間は，2週間に1回基本的な議論を重ね，その後2か月に1回程度の頻度で会議を開催し，2022年10月23日までに，計26回の会議を行ってきました。

　前述したように，カリプロの大きな目的は，高等学校における英語授業で使える英語力を養成するために何が課題かを検討し，発信技能に必要な文法・語彙の範囲とその定着をはかるための英語トレーニングの具体的イメージを話し合うことで，新たな高等学校の英語カリキュラムのあり方を提案することでした。特に教材の内容・使い方を議論し，発信技能と受信技能を仕分けた際に，発信技能強化のためのカリキュラムのアイディアの検討を中心に進めました。検討にあたり，以下のようなPhaseでプロジェクトを進めてきました。

Phase 1　高等学校の英語授業の現状分析ブレインストーミング

Phase 2　カリキュラムの構成・教材のあり方の検討（→ 2.1 & 2.4）

Phase 3　既存語彙分析ツールの勉強会

Phase 4　語彙制限教材の実現可能性の検討（→ 2.2）

Phase 5　他研究会へのお披露目会＋意見交換会

以下，討議内容を上の 5 つの段階（Phase）に即して説明します。

Phase 1：高等学校の英語授業の現状分析ブレインストーミング

　まず金谷氏より，カリプロ素案の提案と，その背後にある現状のカリキュラムの問題意識が共有されました。素案の根幹は，語彙は 2000 語レベル（CEFR の A1，A2 レベル程度），文法は中学の既出文法で，教材を作成することで発信技能の育成を確実にする，ということです。

　これまでのコーパス研究により，高頻度語 2000 語程度で，ネイティブ・スピーカーの会話の 9 割程度がカバーされることがわかってきています。また，文法は中学校で既習したもので，基礎的な発信力の土台は築けるということもわかってきました。

　その一方で，旧学習指導要領の「コミュニケーション英語」が依然としてリーディング教材のイメージで作られており，語彙レベルが高めで，発信技能の育成のための教材としては使いにくいこと，一方，英語表現は発信のための科目であるにもかかわらず，学校によっては文法の授業になってしまっていることが問題点として共有されました。

　また，高頻度語 2000 語は，用法が多岐にわたるため，受容語彙として意味を記憶するだけでなく，産出語彙としての練習が必要です。そのためには教材の中で同じ語彙と何度も出会う工夫が必要ということが確認されました。

Phase 2：カリキュラムの構成・教材のあり方の検討

　この Phase では，カリキュラムの構成や言語活動で行うタスクの具体案や，タスクで扱うトピックについて繰り返し議論を行いました。

　日本の検定教科書は題材重視の傾向にあり，トピックに依存した低頻度語に出会う機会は増えますが，低頻度語は非日常的で，英語定着をはかる

ような言語活動には結びつきにくいため，授業では個人的な話題を話す練習を十分にしてから，社会的問題に移行するべきだということが指摘されました。また，題材重視の教科書の弊害として，日本語でも議論するのが難しいような題材が多いことも改善点として挙げられました。

　身近な題材を議論した際に，好ましい例として頻繁にあがったのは，「日常生活の中で選択・判断を迫られるような状況が与えられた場合，あなたならどうしますか」というものでした。このような話題であれば知識やデータに依存せずに自分の意見を述べることができ，同時に他の人と異なる意見の対立ができやすい点がメリットとして挙げられました。また，将来的に即興的な英語発信能力を身につけるためにも，生徒たちが自然に賛成や反対が言えるようなトピックが効果的であるという指摘もありました。

　タスクについても議論をしました。自分の考えを自由に述べるopen-ended なタスクが好ましいものと考えられがちですが，意見が異なり正解が1つとは限らない場合，言いっぱなしで終わり，あまり達成感が得られない，また教員側もまとめにくく，教室では使いづらいという意見が出ました。

　open-ended ではなく，様々な情報を整理し，正確に理解していけば，答えが1つに定まるような教材が授業でも扱いやすく，評価もしやすいのではないかという意見が多くのメンバーから出されました。このようなタスク教材の一例として，『TOEIC LISTENING & READING TEST 完全攻略900点コース』（アルク）の mission 方式が挙げられました。

　トピック，タスク以外に高校現場での教材の使いやすさについても，議論が交わされ，生徒に話し合いをさせる場合，どのようなステップで議論をさせるのか，などが具体的に提示されていると使いやすいなどという意見も出されました。

Phase 3：既存語彙分析ツールの勉強会

　語彙レベルを制限した教材の可能性を探る前段階として，早稲田大学の Laurence Anthony 氏が開発した語彙レベル分析用ソフトウェア AntWord-Profiler と，九州大学の内田諭氏が開発した CEFR-based Vocabulary Level Analyzer（CVLA, Version 1.1）の2つのツールの使用方法と分析結果の解釈の仕方について学びました。

Phase 4：語彙制限教材の実現可能性の検討

　この Phase では，上記 Phase 3 で学習した分析ツールなどを使い，語彙を 2000 語レベルに制限した教材が実現可能かどうかを検討するため，具体的な素材を用いて，シミュレーションを行いました。

　令和4(2022)年度大学入試共通テストのテキストを使用して，実現可能性を模索したところ，テキストタイプにもよりますが，現状のテキストでも CEFR A レベルの単語で 70% 弱から 85% 弱，CEFR B1 レベルも含めると，90% ほどカバーしているということがわかりました。また，旧学習指導要領のもとに発行された「コミュニケーション英語Ⅰ」の教科書を分析してみると，B レベル以上の語彙を A レベルの単語に置き換えるのは比較的容易で，語彙制限の実現可能性の高さがうかがえました。

　一方で，課題として，語彙分析上 A レベルの単語の組み合わせでできている句動詞は実際には難易度が高いという指摘や，書き換えていく中で文中の動詞が増えてしまい難易度が上がるという指摘もありました。

Phase 5：他研究会へのお披露目会＋意見交換会

　ミラカリの大体の骨子ができたところで，外部の先生方からの意見を得る機会も設けました。具体的には，2022 年 6 月 25 日に自主研究会 Kanatani's Monthly Tea（KMT）にて，また 2023 年 1 月 29 日にはシェルパセミナー（Sherpa: Senior High English Reform Project ALC）にて，カリプロが提案するミラカリのお披露目会を行い，多くの先生方からご意見・ご感想をいただきました。

　以上のような 5 つの段階を経て，新カリキュラム案・ミラカリが誕生したわけです。以下にその内容について説明していきます。

2.1　ミラカリとは

（1）ミラカリの名称について

　「ミラカリ」は「未来の高校生のための英語授業カリキュラム」の略語です。多くの人に覚えてもらいやすく，意味が伝わりやすい名称となるように工夫しました。

　カリキュラムの詳細は後述の通りですが，従来のカリキュラムと異なる

部分が多数あります。「中学校と高等学校の英語授業のギャップを埋める」と「生徒が英語を使う機会を多く設けることによって，基礎的な英語力の定着を図る」という2つのアイディアが軸にあり，これからの高校生の英語学習をより良くするためのアイディアが多く含まれています。

(2) ミラカリの全体像

　ここからはミラカリの内容について紹介します。ミラカリが設定する英語の科目は2つです。「英語活動」（以下，「英活」）と「英語理解」（以下，「英理」）の2つを，生徒は3年間を通じて学習する構成となっています。
　「英活」と「英理」の内容と授業時間数のバランスを簡潔に示すと，下の表1のようになります。「英活」は英語を使用した活動を多く行い，基礎的な英語の定着を図る科目です。「英理」は，リーディングを通じて英語で教養を身につけるための科目です。この2つの科目の授業時間数は，1年生から3年生まで一貫して「英活」は3〜4単位，「英理」は2単位を想定しています。つまり，英文読解を中心に行う「英理」は「英活」よりも時間数が少なく，実際に英語を使用して様々な日常的タスクに取り組む「英活」の方に重心を置いているのが，このミラカリの特徴です。

表1　「英語活動」と「英語理解」の目的と授業時間数

科目名	英語活動	英語理解
目的	英語を使用する活動を多く行うことにより，基礎的な英語力を定着させる	リーディングを中心として，英語で教養を身につける
授業時間数	3〜4単位	2単位

　「英語活動」と「英語理解」の学習内容を詳細に述べる前に，平成21(2009)年告示の学習指導要領の科目，平成30(2018)年告示の学習指導要領の科目との比較を示します。平成21年告示の学習指導要領による科目設定は，本書の第2章，第3章で紹介した高校英語授業モデルを実施した際のものです。また，平成30年には新しい学習指導要領が告示されて科目名も新しくなったため，次ページの表2に平成21(2009)年告示の学習指導要領と平成30(2018)年告示の学習指導要領を並べて示し，さらにミラカリの設定する科目を並べて比較することとします。

表 2　平成 21 年告示，平成 30 年告示の学習指導要領と
　　　ミラカリの科目の比較

	平成 21 年告示 学習指導要領	平成 30 年告示 学習指導要領	ミラカリ
科目名 （単位数）	コミュニケーション 英語基礎（2） コミュニケーション 英語 I（3） コミュニケーション 英語 II（4） コミュニケーション 英語 III（4） 英語表現 I（2） 英語表現 II（4） 英語会話（2）	英語コミュニケーション I（3） 英語コミュニケーション II（4） 英語コミュニケーション III（4） 論理・表現 I（2） 論理・表現 II（2） 論理・表現 III（2）	英語活動 I（4） 英語活動 II（4） 英語活動III（4） 英語理解 I（2） 英語理解 II（2） 英語理解III（2）

　図 2 にあるように，平成 21 年・平成 30 年告示の学習指導要領では英語
の科目は「コミュニケーション」と「表現」の 2 つに大分されていて，4
技能を統合的に学習する「コミュニケーション」の方がアウトプットを重
視して学習する「表現」よりも 3 年間を通じて単位数が多く設定されてい
ます。一方，ミラカリでは「英語活動」と「英語理解」の 2 つに分けられ
ています。1 年生から 3 年生まで履修することを示すため，「英活」は
「英活 I」「英活 II」「英活III」に分けて，「英理」は「英理 I」「英理 II」
「英理III」に分けて表記してありますが，すべて必修科目で，1 年生から 3
年生まで一貫して「英理」よりも「英活」を多く学習する仕組みになって
いるということが重要な部分です。中学校から学んできた基礎的な語彙，
文法を中心に扱う「英活」を高等学校の 3 年間により多く行うことが，中
学校の英語授業との接続を意識したミラカリの特徴となっています。
　現行のカリキュラム（平成 30 年告示）では，「英語コミュニケーション」
は「中学校における学習を踏まえた上で，五つの領域別の言語活動及び複
数の領域を結び付けた統合的な言語活動を通して，五つの領域を総合的に
扱うことを一層重視する必履修科目」（文部科学省「高等学校学習指導要領
外国語」，2018 年，8 ページ）とされています。この「五つの領域」とは，4
技能（聞く，読む，話す，書く）の「話す」を，「話すこと［発表］」と「話
すこと［やり取り］」の 2 つに分けて提示し，目的に応じた話し合いが英
語でできるようにするための「やり取り」を重視するというアイディアで

あり，この考えはミラカリの「英活」にも共通しています。

　「英語コミュニケーション」と「英語活動」の間にある一番大きな違いは，テキストで扱う文法項目や語彙にあります。「英語コミュニケーション」のテキストには，高等学校で新しく導入される文法項目も含まれ，学年ごとに新出語彙が追加されます。一方，ミラカリの「英語活動」では，語彙は，CEFR A1，A2 レベルに絞り，文法は中学校導入の事項に限ることで，より「中学校と高等学校の英語授業のギャップを埋める」ことに貢献する仕組みになっています。カリプロ Phase 1 で議論された現在の英語授業の課題点を踏まえて，ミラカリの全体構成が組まれているのです。

(3) ミラカリの科目の詳細

　カリキュラム全体の構成について述べてきましたが，ここからは「英語活動（英活）」と「英語理解（英理）」の科目の内容をより詳しく説明していきます。

　「英活」の目的は，基礎的な英語力を定着させることです。「英活」の授業内で行う活動は，平易なレベルの英語を読んだり聞いたりして情報を得て，その情報を整理して考えをまとめて伝え合うという日常的なタスクを達成することになります。

　この「平易なレベル」については，文法と語彙に分けてミラカリとして以下のように定義しています。文法に関しては，中学校で学習する文法項目とします。『中学英文法で大学英語入試は 8 割解ける！』（金谷憲編著，2015）でも示されている通り，英語を運用していくうえで最も重要となるのは，中学校までに学習する基礎的な文法項目であるからです。新しく高等学校で導入する文法項目については「英理」での扱いとし，「英活」では触れずに，まずはこの基礎をきちんと使えるようにすることを優先しています。

　「英活」で使用する語彙に関しては，CEFR-J の A1，A2 レベルの語彙としています。CEFR-J とは，欧州共通言語参照枠（CEFR）をベースに，日本の英語教育での利用を目的に構築された，新しい英語能力の到達指標のことです。繰り返しになりますが，東京外国語大学の投野由紀夫氏を中心に行われたコーパス研究の結果，英語母語話者の会話の 9 割が高頻度語の約 2000 語でカバーされていることがわかりました。この高頻度語つま

り A1, A2 レベルの語彙を定着させることが非常に重要であり，「英活」ではこの約 2000 語を取り扱います。この約 2000 語を Core Vocabulary（以下，コアボキャブラリー）として，「英活」のテキストはできる限り A1, A2 レベルの語彙で構成します。一部，A1, A2 に含まれない語彙がテキストに登場する場合については注釈をつけるなどの対応をして，生徒がタスクに取り組む際に，語彙の難しさによって活動が中断されないように調整します。A1, A2 レベルの語彙で教材を作れるかどうかは，先に紹介した通り，カリプロ Phase 4 にて既に検証されています。

　タスクの具体的な例については後の節で詳細を述べることとしますが，日常で起こりうる様々な場面を設定し，英語でその場面における問題，課題を解決していくというタスクを数多く取り扱います。リーディングやリスニングで情報を収集した上で，生徒同士で英語を使って話し合ったり，考えを文章にまとめたり，発表し合ったりします。カリプロ Phase 2 の議論の中で open-ended なタスクをクラスで行うことの難しさがいくつか挙げられたことから，問題の答えが生徒によって複数考えられるオープン・クエスチョンよりも，イエス／ノーで答えられるクローズド・クエスチョンを中心として構成し，クラス全体の話し合いをやり易くします。その際，生徒はイエス／ノーだけを表現するのではなく，なぜその考えに至ったのか，その選択によってその後はどうなることが予想されるかなどを話し合い，意見を共有することが求められます。情報を深く読み取って思考することによって，生徒同士のやり取りの内容も深まります。生徒が英語で活発にやり取りすることにもつながることが期待されます。つまり，「英活」には，英語の実際の使用を想定したリーディング，リスニング，ライティング，スピーキング，インタラクション（やり取り）のすべての技能が含まれることになります。

　一方，「英理（英語理解）」の目的は，高校生の精神発達を促し，知的好奇心を満たす内容を英語で読んで理解させることにあります。「英理」では，リーディングが中心となるため，リーディングの後の発表活動などのアウトプット活動は必須ではなく，理解することができていれば十分とします。「英理」で使用するテキストに含まれる文法項目や語彙についても，「英活」とは条件が異なり，「平易なレベル」という制約はありません。分詞構文などの高等学校で新しく導入される文法項目や，使用頻度の少ない

特殊な表現についても,「英理」のテキストに含めることができます。また,使用する語彙についても,コアボキャブラリーに限らず豊富な語彙を含めることができます。「英活」では日常に起こりうる様々な事柄について取り扱っていますが,「英理」で扱う内容は日常的なものだけでなく,社会的な話題も含めることとします。論理的な文章や学術的な内容も含まれるため,高校生の知的好奇心を刺激し,発達段階に見合った題材を提供することができます。

　「英活」と「英理」の文法,語彙,授業内容をまとめたものが表3で,この2つの科目の特徴が一覧できます。

表3　英語活動と英語理解で使用する文法と語彙の特徴

	英語活動	英語理解
文法	中学校で学習する文法項目に限る	中学校で学習する文法項目＋高等学校で新しく学習する文法項目
語彙	CEFR-J の A1,A2 レベルの約 2000 語(コアボキャブラリー)	コアボキャブラリーに限らず,幅広い語彙を使用
授業内容	日常的なタスクを英語で行い,生徒同士で話し合いや発表を行う	リーディングを中心として,英文を理解する 日常的,社会的な話題を取り扱う

(4) ミラカリで培われる力

　ここまで,ミラカリの構成と「英活(英語活動)」「英理(英語理解)」のそれぞれの科目の授業の内容,テキストの内容について説明してきました。従来のカリキュラムと共通する部分と異なる部分がある新しいカリキュラム「ミラカリ」ですが,この「ミラカリ」を実施した場合にどのような力が身につくことが期待されるのか,以下にまとめていきます(下図)。

　「英活」と「英理」の違いについては,授業内容の説明の部分で述べましたが,「中学校と高等学校の英語授業のギャップを埋める」という目的

「英活(英語活動)」 →基礎的な文法・語彙の定着・英語を運用する力		「英理(英語理解)」 →学術的・論理的な英文を読み,理解する力

図　「ミラカリ」で身につく力のイメージ

に大きく貢献し，ミラカリの特徴的な科目となるのは「英活」です。

　「英活」では，使用する文法も語彙も「平易なレベル」に限定しているため，基礎となる文法項目や語彙が3年間学習する間に何度も何度も繰り返し使用されます。先に述べたように，コアボキャブラリーを定着させるためには，この「繰り返し」が必要なのです。繰り返し聞いたり読んだり，書いたり話し合ったりするため，文法や語彙が定着し，英語をより速く正確に処理して運用できる力が備わります。活動内容も日常的な場面における課題解決が中心であるため，実践的なコミュニケーション能力を育成することができるでしょう。易しい文法項目や語彙であっても，実際の使用の際に，正しく適切な表現で素早く理解したり表現したりできるようになるためには，多大な訓練が必要になります。「英活」では，その訓練となりうるタスクをたくさん行うことを想定しています。「英活」を履修することによって，中学校で学習した英文を定着させることができ，さらに，それらを実際の英語の使用の場面で適切に使えるようになることが期待されます。

　一方，「英理」では，高等学校の生徒の知的好奇心を刺激し，精神発達を促す英文を読むことが中心となります。テキストには，中学校で学習していない新しい文法項目や，新しい語彙も登場するため，今まで触れてこなかったような学術的な文章や論理的な文章にも接することとなります。扱われる英文のジャンルが豊かになり，内容も深まるため，生徒の学ぶ意欲を高めることにも繋がります。基礎的な文法項目や語彙は，当然ながら「英理」でも繰り返し使用されるため，「英活」だけでなく「英理」でも定着を図ることができます。「英理」では，そこにさらに新しい文法項目や表現が加わり，生徒の英語の知識の幅が増えていくことが期待できます。日常的な話題の他に社会的な話題にも触れていくため，語彙も大幅に増えるでしょう。また，英語で時事ニュースや学術的な記事を読むことにより，自ら世界の情報を英語で集めようという学習意欲にも繋がります。

　「英活」が既習の知識をより深めて定着させて英語を運用する力をつけるための授業とすると，「英理」は既習の知識を深めつつ，新しい知識を得ていくための授業だと言えます。

2.2　語彙

(1) 会話に必要なのは 2000 語という事実

　カリプロの根幹は科目の目的を明確にした教科書作りを行うことによって，受容語彙と産出語彙の明確な区別をつけた言語活動を促進し，それを可能にするカリキュラムの全体像を提案することにあると考えます。

　語彙制限は教育測定運動のソーンダイクの昔から議論されてきましたが，発信と受信の語彙の区分を明確に意識した語彙統制の議論は 1990 年代まであまりなされてきませんでした。筆者（投野）が特に着目したのは，母語話者の話し言葉コーパスの分析結果です。British National Corpus の話し言葉セクション 1,000 万語から頻度リストを作成すると，上位 100 語（見出し語換算）で 67 パーセント，2000 語で 92 パーセントを占めます（図 1）。

　この 2000 語の占める割合は書き言葉になると 80 パーセントまで低下しますが，それでもこの 2000 語を発信力の基礎として身につけさせるプログラムの意義は大きいといえます。なぜならば，この 2000 語より語彙を増加させても，そのテキスト・カバー率は微増だからです。例えば，2000 語に次の 2000 語を加えて 4000 語にまで増やしても，テキストのカバー率は 5 パーセント程度しか上がりません。1 億語のコーパスを 10 回自動生成して，頻度上位 2000 語を検査した場合，その 2000 語に入る単語群は比較的安定していますが，頻度が 4000〜5000 位レベル以下の単語は分布が不安定になり，テキストのサンプリングの影響を強く受けてしまい，コー

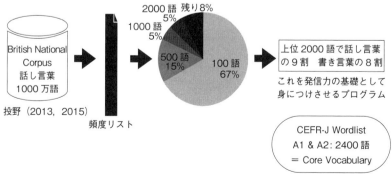

図 1　英語母語話者の語彙使用パターン

パスを新たに作るごとに違う単語が入ってくる可能性が高くなります。比較的安定している上位 2000 語に狙いを付けて活用できるようにトレーニングし，残りの単語はたくさん英語に触れながらぱっと見て意味がわかる語彙（sight vocabulary）として機会に応じて増やしていくアプローチが賢明でかつ効率的なのです。

　この 2000 語は CEFR-J Wordlist の A1，A2 レベルの合計 2400 語にほぼ相当します。つまり CEFR A レベルの語彙 2000 語程度を発信語彙の目標としてトレーニングすることが，発信力を作る基礎になるということです。

（2）現行英語教科書の語彙のカバー率はどうか？

　現行の英語教科書の語彙は，教科書会社が試行錯誤で語彙選定を行っているのが現状です。文科省は学習指導要領で語彙選定の基準を示さなくなったからです。平成 28（2016）年度改訂の高校教科書を分析した結果が下の表 1 です。

　「コミュニケーション英語 I ～III」の 24 種の高校教科書をすべて合成した場合の CEFR-J Wordlist のカバー率は，A1 レベルで 91～93 パーセント，A2 レベルで 81～88 パーセントと極めて高いことがわかります。さらにB1～B2 レベルを合わせると，CEFR-J Wordlist の単語を知っていれば高校教科書 24 種の 93～94 パーセントをカバーすることがわかります。そして前述の A2 レベル 2400 語があれば，話し言葉の 9 割，書き言葉の 8 割をカバーするので，そこにしっかり重点を置いた教材を提供することが重要です。

　しかしながら，1 種類の教科書だけに着目するとどうなるでしょうか。採択率の高い教科書 A について，中 1 から高 3 まで継続して利用した場合をシミュレーションしてみました。この教科書は高校レベルでは上位層

表 1　平成 28 年度「コミュニケーション英語」の語彙カバー率

	A1（1000）	A2（1400）	B1（2300）	B2（2700）	CEFR-J カバー率
コミュ英 I	91.76%	81.24%	60.66%	32.84%	94.49%
コミュ英 II	93.35%	88.89%	80.75%	54.49%	93.39%
コミュ英 III	92.60%	87.79%	83.17%	61.27%	93.54%

の教科書になるので，6年間で総テキスト語数は約10万語となり，異なり語は総計7700語程度になります。この7000語という数字はCEFR-J Wordlistの B2レベルまでの7572語とそれほど変わりません。しかし，実際は教科書に選定される題材などの影響を受け，分野に特有の難しい単語がかなり混入してしまうのが実状です。その影響でA1レベルでは89%のカバー率を確保していますが，A2レベルの単語は72%程度に留まり，中高6年間でもA2レベル2000語の提示が十分になされないまま，不用意に7000語まで語彙を増やして与えてしまっている，という図式が見えてきました。

以上が平成28（2016）年度改訂時の教科書分析でしたが，令和2（2020）年の学習指導要領改訂後の小学校・中学校の英語教科書はどうしょうか。その分析結果を表2に示します。

表2　現行中学教科書全体の上位2000語カバー率

語彙レベル	A1 (1000)	A2 (1400)	共通語のみ
H28 中学 7 種	65.7%	40.6%	30%
R2 小学 7 種	90.7%	N/A	40%
R2 中学 6 種	95.6%	67.4%	44%

中学校では平成28年度中学7種のA1，A2約2000語のカバー率はそれぞれ65.7%，40.6%でしたが，令和2年度の小学校7種ではA1が90.7%，中学6種ではA1：95.6%，A2：67.4%と以前よりもかなりカバー率が向上していることがわかります。これは筆者らがCEFR-Jプロジェクトで語彙表を公開し，教科書会社にAレベルの語彙の重要性を公開シンポジウムなどで訴えてきた成果と考えられます。ただ，これは検定教科書7種をすべてまとめての話なので，全教科書に共通する単語に絞ると40%程度となり，教科書によってカバーしている単語はまだばらつきがあります。A2までの2000語を，小中高とレベルを上げつつ組織的にカバーするような設計が必要です。

(3)「中高ギャップ解消のための選択肢」との関連

この語彙コントロールの考え方は，金谷（2022）の論考に沿って考えると腑に落ちることが多くあります。金谷（2022）では中高ギャップ解消の

ために，「適切な教材」，「繰り返し」，そして「使わせる」ことが肝心だと述べています。「適切な教材」に関する試みとして，現行の教科書はいろいろ使いにくい面があるので，教科書の中身を「捨てること」と「易しくすること」を実践例とともに紹介しています。語彙レベルが不統一の教科書の場合，このような中身の調節が必要ですが，我々が提唱する 2000 語で作られる新しい教科書を作ることで一気に氷解します。

そして，「繰り返す」部分に関しても，現状ではすぐに言語活動をさせるには難しかった教科書の内容を，一度ざっと読んでしまって既習事項とし，さらに繰り返すことでそのテキストでの使用語彙・表現に習熟させ，復習から発展に効果的に展開できるとしています。この点に関しても，2000 語で作られた教科書があれば，すぐに活動に活かせる平易な素材となることで活用度が増します。さらに多様なトピック・場面で同じような難易度のタスクを繰り返すことで 2000 語の内在化と自動化に貢献できます。最後に「使わせる」部分ですが，2000 語で書かれたテキストをもとに，Paul Nation が提唱する「意味にフォーカスしたインプット・アウトプット」のタスクを大量にこなすことで，2000 語をコミュニケーションの実際の場面で自分の言葉として使う機会が増え，自動化を経た本当の産出語彙の習得へと導いてくれると期待できます。

(4) 高 3 終了時までの「語彙力」のイメージ

2000 語までのコアボキャブラリーを身につける際の語彙力のイメージを，以下，小中高と順を追って整理しておきます。まず小学校の例を図 2 に示します。

小学校は現行の学習指導要領で，小学校 3 年生の「外国語活動」から 6 年生までで，160 時間で約 650 語を導入する計画です。語彙力はたいてい

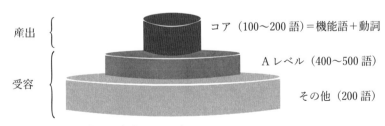

図2　小学校の英語語彙力イメージ

インプットから始まり，意味がわかる「受容語彙（receptive vocabulary）」として最初身につき，その一部が「産出語彙（productive vocabulary）」として内在化していきます。だいたい入門期から初級ではこの産出：受容の比率は1対2ないし，1対3程度です。なので，小学校で600語程度をインプットすると，その3分の1の200語程度が産出語彙（図2のコア部分）で，残りは受容語彙（図2のAレベル部分）として聞いてわかる（一部読んでわかる）単語になります。一方，たいていの教科書は小学校でも，食べ物やスポーツ，趣味のトピックで2000語レベルを超える単語がある程度は使用されているのが普通です。それを周辺の語彙（図2のその他の部分）の200語程度と見積もっています。

　一方，中学校（図3）では学習指導要領の語数は約2500語です。この段階で，A2レベルまでの2000語がすべて登場するように教科書を作れればよいのですが，実際はトピックの影響などでA2レベルの単語は漏れてしまうことが多いです。中学では約1000語のA1～A2レベルの単語を導入し，産出語彙として身の回りの話題の基礎的な内容をやり取りできるようにしたいところです。コアの100～200語は機能語と動詞ですが，これらは1000語のAレベル語彙を使ううちに新しい用法に触れて徐々にコアの語彙力が太く深くなっていきます。会話の7割程度を支えるこのコア語彙の深化が，基礎力を定着させるために非常に大切です。かつ日常・社会的な話題の基礎的なテキストで1000語から1500語程度に受容語彙として触れるというイメージです。

　高等学校（次ページ図4）は最終段階で，産出語彙としてA2レベルの2000語強を目指します。この際もコア語彙の100～200語はさらにいろいろな機能を学んで骨太の，しっかり使いこなせる力へ育てたいものです。

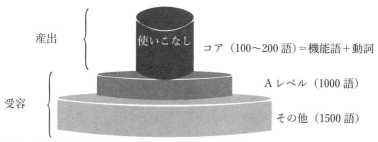

図3　中学校の英語語彙力イメージ

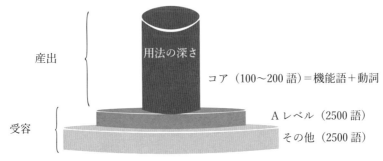

図4　高等学校の英語語彙力イメージ

　かつ，A2 レベルの 2000 語程度が発信力をつけるための語彙として日常的に「英語活動」で使われ，身の回りのことだけでなく，ある程度社会的な話題にも自分事として意見や感想を言えたり説明したりできるようになります。一方，リーディング力をつけるための受容語彙は 2000 語の 2〜3倍，すなわち 5000 語レベル程度は普通につくことが期待されます。この部分は 2000 語で制限する教科書ではなく，リーディング専門の授業（「英語理解」）で受容語彙として仕込むことになります。

（5）コアボキャブラリーを「英語活動」教材に落とし込めるか

　「英語活動（英活）」で使用する教材作りを考える上で，使用する語彙をCEFR-J の A1，A2 レベル（以下，コアボキャブラリー）にどの程度落とし込めるでしょうか。前に述べたようにカリプロでは Phase 4 で様々なシミュレーションを行いました。

　まず，試しに令和 4（2022）年度からの高校 1 年用「英語コミュニケーション I」のある検定教科書の中から 1 つの課（本文 610 語）を選び，プロジェクトのメンバーで個々に語彙を易化する書きかえ作業を試みました。基本的に文構造には手を加えず，語彙のみを入れかえて，元の文章と，書きかえた文章中のコアボキャブラリーの占有率を比較することにしました。なお，教科書本文は著作権の関係でお見せできないため，結果のみを示します。

　検定教科書テキストを対象としたレベル別の見出し語数は，書きかえ前と書きかえ後で次ページの表 3 に示した結果となりました。NA は CE-FR-J リストにない内容語（必ずしも固有名詞とは限らない）や複合語など

表 3　レベル別見出し語数の事前・事後比較

事前	A1	A2	B1	B2	C1	C2	NA	
名　詞	86	29	10	14	1	0	9	
動　詞	53	12	5	5	1	0	1	
形容詞	16	22	3	0	1	2	10	
副　詞	16	8	3	0	1	0	1	合計
計	171	71	21	19	4	2	21	309
%	55.34	22.98	6.80	6.15	1.29	0.65	6.80	

事後	A1	A2	B1	B2	C1	C2	NA	
名　詞	90.3	32.3	5.7	12.7	1.0	0.0	9.0	
動　詞	59.0	12.0	6.0	1.0	0.0	0.0	0.3	
形容詞	21.0	21.7	2.7	0.0	0.0	0.7	6.7	
副　詞	19.3	8.3	2.7	0.0	0.3	0.0	1.0	合計
計	189.7	74.3	17.0	13.7	1.3	0.7	17.0	313.7
%	60.47	23.70	5.42	4.36	0.43	0.21	5.42	

　になります。なお，事後の品詞別見出し語数は各メンバーの平均値としました。全体的に B レベルの見出し語数が A レベルにシフトしている様子（コアボキャブラリーの全見出し語数に占める出現比率は 78.3% → 84.2%）がわかります。

　この語彙レベル分析に使用したツールは「CEFR-based Vocabulary Level Analyzer（ver.1.1）」（以下，CVLA）です。これは，九州大学内田諭研究室で開発されたオンライン語彙分析ソフトで，指定箇所に対象テキストを貼り付け（テキストの種類をリーディング用か，リスニング用か指定する），提出ボタンをクリックするだけで簡単に分析結果が出力されます。提出画面は次ページ図 5 のようになっています。

　出力画面では CEFR-J のどのレベルの見出し語がいくつあったか，表 1 にあるようなカウント結果が表示されます。さらに，① ARI（リーダビリティ指標），② VperSent（各センテンスの動詞含有率平均値），③ AvrDiff（A, B レベルの語彙使用率から求める語彙難度指標），④ BperA（A レベル語彙に

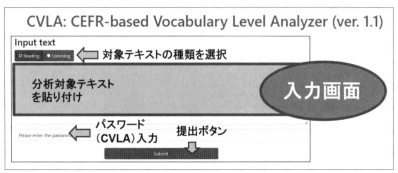

図5　CVLA のテキスト提出画面

　対する B レベル語彙の占有率）という 4 つの分析数値も得られます。例え
ば，② VperSent が高ければ，文構造の複雑さを示唆するので，受動態や
分詞構文を避けるような書きかえ作業をすればこの数値を下げられます。
また，③ AvrDiff（語彙難度）を下げたければ，B レベルの語を A レベルの
類義語に置きかえればよいことになります。

　ここで，先ほどの書きかえで得られた各分析指標に目をやると，レベル
判定結果は，指標① A1.3 → A1.2，③ B1.2 → A2.2，④ B1.1 → A2.1 とい
うように下方修正されていることが確認できました（レベル表示は CEFR-J
での区分に対応）。さらに，事前では B1.1 と判定されていたテキスト全体
の語彙レベルも A2.2 に下がっていました。

　次に，分析するテキスト数を増やしながら，レベル別の見出し語数の変
化を確認してみました。中学レベルの自己紹介文のテキストを用意して
CVLA にかけてみると，次ページの図 6 に示した出力画面が得られます。
この図ではわかりにくいですが，テキスト中の語がレベル別に色分けして
出力され，その下に各レベル別の語彙数のカウント結果が品詞別（POS：
Part Of Speech）に現れています。

　こうしたテキストを 14 種類用意して CVLA 分析にかけ，レベル別の語
彙分布の様子を観察してみました。高校生用の言語活動教材のテキスト
（もともと語彙レベルをある程度抑えている）を使って分析しました。

　用意した 14 のテキストのレベル別見出し語数の和（A1：299 語，A2：77
語）を総見出し語数（437 語）で割った比率は 86.04% となりました。ここ
では NA（リスト外）が 5% 程度ですが，トピック特有の名詞群が一定数
出現することはやむを得ないことを考慮すれば，用意するテキストの実質

[Input]
Hello . Nice$_{862}$ to meet$_{317}$ you . I 'm **Yoshida Rintaro** . **Please**$_{4424}$ **call**$_{131}$ me **Rin** . Hi , nice$_{862}$ to meet$_{317}$ you too$_{129}$, **Rin** . My name$_{297}$ is **Tanaka Miri** . Call$_{654}$ **me Milly** . I live$_{207}$ in **Tokyo** . I 'm from **Chiba** . What is your hometown$_{5616}$, **Milly ? Asakusa** . It 's a famous$_{1589}$ **tourist**$_{2574}$ spot$_{1263}$. Where in **Chiba** do you live$_{207}$ **?** I live$_{207}$ in **Kashiwa** . There are many good$_{72}$ stores$_{708}$ and restaurants$_{1125}$ there$_{114}$. Nice$_{862}$. My town$_{509}$ also$_{86}$ has many stores$_{708}$. There are a **lot**$_{220}$ of temples$_{3750}$ and shrines$_{6519}$, too$_{129}$. **Tokyo Skytree** looks$_{66}$ **huge**$_{941}$, but I have not$_{22727}$ gone$_{35}$ up it yet$_{285}$. I see$_{56}$. What do you usually$_{755}$ do in your free$_{484}$ time$_{51}$ **?** I like$_{211}$ listening$_{854}$ to **K-pop** . **BTS** is my favorite$_{1614}$ group$_{165}$.

[115 words, mean rank: 1529.85, min: 35, max: 22727]

POS／CEFR	A1	A2	B1	B2	C1	C2	NA
Noun	10	2	0	0	0	0	1
Verb	13	1	1	0	0	0	0
Adjective	9	0	1	0	0	0	0
Adverb	7	0	0	0	0	0	0

図 6　CVLA のテキスト分析出力画面

90% 程度をコアボキャブラリーでほぼ固めることは決して不可能ではないと考えられます。

このシミュレーションに使用した 14 のテキストはもともと語彙レベルが高くならないように意識して作成されたものですが，その中の 1 つ（モバイル決済について）をご紹介します。

Today I am going to talk about how great a ‘mobile payment’ system is. The other day, I dropped in a soba stand on my way home. I ordered my soba and started eating it. After a while I searched for my wallet and found myself having no money. I was in a panic, because I had almost finished eating the soba. The next moment I saw a sign that says “Mobile Payment Accepted!” My smartphone enabled me to pay for the soba. Without my smartphone, I could not have paid for the meal. Do you have similar experiences?（99 words）

テキスト全体のレベル指標は A2.1 で，ARI 指標（リーダビリティ）は Pre-A1 でした（次ページ表 4・5 参照）。ここでは，タスク設定は一切考えていないので内容に踏み込むことには意味がありませんが，このくらいのレベルのテキストでも，アウトプットモデルとしては十分といえるのではないでしょうか。

前述のコアボキャブラリー約 2000 語について，品詞別の見出し語数合

表4 一定数テキストでのレベル別語彙分布シミュレーション
各タスク用テキストの語彙分布

Texts/Levels		A1	A2	B1	B2	C1	C2	NA
Text 1	名	10	2					1
117語	動	13	1	1				
	形	9		1				
	副	7						
Text 2	名	10						
73語	動	8	4					
	形	3	4					
	副	5	1					
Text 11	名	8	1		4			
59語	動	3	1		1			
	形	3			1			
	副	1	1		1			
Text 12	名							
60語	動	8			1			
	形	7	1		1			
	副	5			1			
Text 13	名	6	1		1			
59語	動	3	3		1			
	形	3			1			
	副	2						
Text 14	名	7	5		1			
58語	動	8	1					
	形	2	2					
	副		1		1			合計
	Sum	299	77	7	31	1	0	22	437
	levels	A1	A2	B1	B2	C1	C2	NA	
	%	68.42	17.62	1.60	7.09	0.23	0.00	5.03	

表5 「モバイル決済」テキストのレベル別語彙分布

	A1	A2	B1	B2	C1	C2	NA	
名 詞	9	4	0	1	0	0	6	
動 詞	13	1	2	0	0	0	0	
形容詞	2	3	0	0	0	0	0	合計
副 詞	3	0	0	0	0	0	0	44
計	27	8	2	1	0	0	6	
%	61.36	18.18	4.55	2.27	0.00	0.00	13.64	

計を調べると，名詞1,404語，動詞338語，形容詞391語，副詞197語となっています。名詞が圧倒的に多いわけですが，名詞の出現の仕方はテキストのトピックに依存するため，テキストの数を相当に増やさない限り簡単にはカバーできないことが予想されます。ただ，CEFR-J の語彙リストには，投野研究室によって分野別のカテゴリータグが付与されており，これを利用することで逆に分野に偏りのない名詞を抽出することも今後できるかもしれません。また，ミラカリにおいて，インプットは，もう一方の科目「英語理解（英理）」で補うことを想定しているため，名詞のカバー率に過剰に神経を使う必要はないでしょう。

　繰り返しになりますが，ここで行ったシミュレーションからは，用意するテキストの実質90%程度をコアボキャブラリーでカバーすることは十分可能だろうと考えます。

（6）まとめ

　本節では，英語力の根幹となる語彙力について，ネイティブ・スピーカーの会話コーパスからの示唆と現状の教科書分析を踏まえて，発信のための語彙を2000語程度に絞り，集中的に活動重視の教科書を作る意義，そしてリーディング力養成は受容語彙を仕込む独立した教科を設けるという提案の妥当性を語彙知識のモデルをイメージしながら説明しました。

　このような構想が具体的に教科書作成の実際として可能かどうかを，カリプロではいろいろな思考実験およびテキスト分析を実際に行ってみています。その結果を見る限り，このアイディアは実現可能性があり，試作品を作ってみる価値があると言えそうです。

2.3　文法 ── 中学文法で英語活動の教科書が作れるか

　これは，常識的に言って可能です。これまでの教育課程で示されていた中学文法でも，基本的な文法はカバーされています。実際，中学の検定教科書が作れていることを見れば，中学文法で英活の教科書が作れることはほぼ自明のことと言ってよいでしょう。

　さらに，2022年より始まった現行課程では，それまで高校で扱っていた文法事項のかなりの部分（関係副詞，仮定法，現在完了進行形）が中学へ

下ろされました。

　したがって，高校で新たに導入される事項で使用頻度が高い文法（表現）は分詞構文ぐらいでしょう。過去完了もありますが，こちらはそれほど使われるものだとは思われません。

　しかし，常識で押し切ってしまうのも多少乱暴だと言うのなら，以下にいくつか可能性へのヒントになり得るデータを挙げておくことにします。

　アルク教育総合研究所が 2014 年に大学入試問題に関する調査を行いました。結果の詳細はアルク総研・金谷監修（2015）にまとめられています。

　調査の目的は，大学入試で中学文法がいかに大切かを確認するというものです。逆に言うと，高校で新たに導入された文法事項が理解されていない場合，どのくらいの点数を失うことになるか，の研究だとも言えます。

　対象とした入試問題は，センター試験と 27 の大学入試問題（2012〜2014 年の 3 年分，一部 2012〜2013 年の 2 年分）で，長文問題などすべてを含む 3852 問（派生語問題，発音／アクセント問題，リスニング問題を除いている）を実際に解いてみました（入試データは『2015 年度版大学入試シリーズ』教学社に拠る）。

　解答する人は，英語教育専攻の大学院生 6 名，英語教育で修士号を持つ高校英語教師 5 名，そして，プロジェクトをリードした 3 名の著者（片山七三雄，吉田翔真，金谷憲）により，この順で 3 段階を踏まえて調査しました。第 1 段階では大学院生が解答し，高校新出文法事項の学習がなくても解答できるかどうかを判断します。この判断に自信が持てない問題について，次の段階，つまり高校英語教師たちにその判断が委ねられます。そして，そこでも判断がつかないものについて，最終段階でとりまとめ役の 3 名で最終判断をするという手順です。

　結果は，高校新出の文法事項がわからなくても，79% が解答可能であることがわかりました。

　ただし，このプロジェクトでは，未知語がないということを前提としました。したがって，高校新出の文法事項が出ている箇所でも，語彙の力を借りて推測によって解答が可能になる場合も考えられます。

　そうした場合を考慮にいれると，解答可能率は約 10% アップして，全体の解答可能率は約 89% になるというのが結果です。

　平たく言えば，高校新出の文法事項がわからなくて失う，入試の点数は

100点満点でわずか10点ほどであるということです。大学にもよるでしょうが，入試で80〜90点とることができて，不合格になることは考えにくいものです。

この結果1つでも，中学文法のみで十分に大学入試に対応できていることがわかります。ということは，大学入試前に使う高校生用の教科書を中学文法のみで作るのは可能であるということです。

このプロジェクトの前提となる未知語がないことは非現実的であるという批判がなされています。しかし，これについてのデータもあり，高校の教科書語彙によって入試問題のかなりの部分はカバーされていることがわかっているので，教科書語彙をしっかりと定着させていれば，未知語がほとんどない状態にすることは非現実的ではありません。（金谷憲編著(2009)）。

ミラカリの語彙については前のセクションで詳しく説明しましたが，カリプロの設定しているコアボキャブラリーには使用頻度の高いものしか含まれていないので，尚更にアルク総研の行った調査対象の英文より語彙が簡単になることが十分に想定されます。

もう1つだけ，ヒントになるデータを紹介しておきます。上記金谷監修(2009)では高校で入試対策としてよく教えられる63項目の文法事項（表現，語法）について，実際の入試での出現率を2003〜2007年の問題に当たって調べました。その結果が次の表のようになります。

表　文法項目大学入試出題頻度ランキング　2003-2007（一部省略）

順位	構文	頻度
1	it is ... (for/of 〜) to 〜〈it: 形式主語 [目的語]〉	92
2	if＋S'＋V'（過去／過去完了），S would ...	45
3	it is ... that [how, if, etc] 〜〈it: 形式主語 [目的語]〉	44
4	so ... that 〜	31
6	as if [though] S'＋V'（過去／過去完了／現在）...	21
7	too ... to 〜	16
8	not ... but 〜	14
9	in order to [that] ...	13
10	not only ... but (also) 〜	12
11	... enough to 〜	12
12	both ... and 〜	12
13	〈if 節の代用〉，S would ...	11

14	the＋比較級, the＋比較級	10
44	there is no ... ～ ing	0
45	it is (about/high) time S'＋V'（過去）...	0
46	it is no use ... ～ ing	0
47	it is ... ～ ing〈it: 形式主語［目的語］〉	0
48	lest ... should ～	0
49	for fear ... should ～	0
50	get＋someone＋to ～	0
51	it was［will not be］long before ...	0
52	scarcely［hardly］... when［before］～	0
53	not so much ... as ～	0
54	not so much as ...	0
55	none the＋比較級＋（for）	0
56	as ... as any［ever］～	0
57	what few［little］＋noun	0
58	what is more	0
59	so as to ...	0
60	cannot ... too ～	0
61	not ... any more than ～	0
62	might as well ... as ～	0
63	A is to B what C is to D	0

　調査した 63 項目中，27 の入試単位（大学や学部）につき，5 年間（2003
〜2007 年）でどこかで 10 回以上出題された項目はわずかに 14 項目にすぎ
ません。また，この 5 年間でどこの大学でも一度も出題されていない事項
が 20 項目あります。

　この結果を見ても，いわゆる高校文法というものがなくても，相当程度，
教材が編めることを意味しています。

　ミラカリでの「英語活動」は，特定の知識を紹介するような目的では設
定されていないので，尚更のこと頻度の低い文法事項を必要としないこと
は理解していただけるでしょう。

　以上のように，少しのヒントからでも，「英語活動」教科書は中学文法
のみで作成することが十分可能であると結論づけて問題はありません。

2.4 教科書と授業

本節では，ミラカリにおける「英語活動」の授業に適した教科書とはどのようなものか議論し，筆者（光田）が実践した内容を「英語活動」の授業例として紹介します。

(1) 教科の目標と教科書の現状

まず，現行のカリキュラムである「英語コミュニケーションⅠ」の学習指導要領に示されている目標を見ます。五つの領域（聞くこと，読むこと，話すこと［やり取り］，話すこと［発表］，書くこと）それぞれに目標が記載されていますが，ここでは「聞くこと」を抜粋します（下線部筆者）。

(1) 聞くこと
　　ア　日常的な話題について，話される速さや，使用される語句や文，情報量などにおいて，多くの支援を活用すれば，必要な情報を聞き取り，話し手の意図を把握することができるようにする。
　　イ　社会的な話題について，話される速さや，使用される語句や文，情報量などにおいて，多くの支援を活用すれば，必要な情報を聞き取り，概要や要点を目的に応じて捉えることができるようにする。

（高等学校学習指導要領・外国語科　第8節第2款）

「聞くこと」が (1) であり，続けて (2) から (5) で他の「五つの領域」1つひとつについて目標が記されるわけですが，それぞれが「聞くこと」同様，ア「日常的な話題について」，イ「社会的な話題について」，という文言で始まっています。この構成は「英語コミュニケーションⅡ」および「Ⅲ」においても同様です。これに従うと，この科目で取り扱う題材は日常的な話題と社会的な話題の2本立てで構成されるものと考えるのが自然でしょう。

翻って，現在使用されている実際の教科書の構成はどうでしょうか。*CROWN English Communication I*（三省堂）を例にとると，目次ページ（2〜3頁）にて10課あるレッスンの内容に応じて次のように「タグづけ」されています。「言語・日本文化」「生き方・生活」「芸術・国際芸術」「歴

史・日本文化」「環境・共生」「科学技術」「自然・異文化」「平和・歴史」「文化遺産」「生き方・芸術」。これらをみると，学習指導要領に掲げられている目標に対し，題材が文系的・理系的であるものを含めて「日常的な話題」よりも「社会的な話題」に重点が置かれているといえそうです。

　筆者が使用した旧課程の「コミュニケーション英語Ⅱ」の題材として，宇宙探査やバイオミミクリー，絶滅危機言語の話などがありました。これらは話題としては非常に興味深く，実際に多くの高校生の知的好奇心が刺激され，面白かったという感想を述べた生徒も多くいたのは確かです。しかし，このような読み物を題材として扱い，実際に長文を読み，生徒は教室内でどのようなコミュニケーションをとるのでしょうか。文系でも理系でも内容が高度であれば，専門知識や専門用語が必要となり，それらの知識を使いこなした上での話し合いは日本語でも難しいものです。専門性に触れないのなら，極めて表面的な議論になってしまうかもしれません。

　絶滅危機言語の題材を例に取ってみましょう。教科書を読み終えインプットを受けた状態で，いざ生徒に題材に基づいた言語活動を行う場合，どんなことができるでしょうか。教科書で取り上げられている地域や言語の他に，同様の事例を探して調査したり，一般化したりするなどの準備をしてから授業に臨めば，有意義なディスカッションになるかもしれません。しかしながら，これは探究的な活動として時折行うのなら悪くはありませんが，日常の英語の授業としては現実的ではないでしょう。一方，準備のない状態で，本題材についてディスカッションをしようと持ちかけたとき，高校生が絶滅危機言語について専門的な知識を持っていることは期待できず，「各文化を尊重し，世界中の絶滅危機言語を守ろう」といった誰もが言いそうな，表面的で実りのない議論になるでしょう。このように，「社会的な話題」は，生徒の英語使用にどのようにつながるかを考える必要があります。また，一見社会的な話題に見えるものも，例えば物価高騰の日常生活に与える影響を考えるなら日常的な話題になり得るので，その境界はあいまいと言えます。

　教科書は「社会的な話題」に重心が置かれていると述べましたが，「日常的な話題」は，意外にも入試対策という文脈の中で扱われます。買い物や道案内など，大学入学共通テストでよく見かけるので，共通テスト対策を行う際には，高校の授業で日常の話題が全く扱われないことはなさそう

です。ただし，これは試験という短い時間内で答えを出すための練習であり，自ら発話したり友人とやり取りをしたりする練習にはつながらないでしょう。そして，なにより買い物や道案内が高校生にとって本気で取り組みたい題材なのでしょうか。教師がそれを言語活動として授業で扱いたいと思えるものなのでしょうか。

　中学校ではこの点はさほど問題になりません。発達段階に応じた英語のレベルと扱う言語の題材が一致するからです。しかし，高校では生徒が扱える英語の力と生徒が関心を持てる題材の複雑さは乖離してしまっています。つまり，幼稚すぎる題材では生徒も教師も積極的に英語を使おう・使わせようという気持ちになれないのです。

　このような観点で高校英語の実態を考えると，なぜ授業で生徒が英語を用いる活動がなかなか普及しないか，その1つの要因が見えてきます。それは，図1で示すように，教科書で扱う題材の難易度に易しすぎるものと難しすぎるものとのギャップが大きいからです。

易：自己紹介・道案内・買い物…

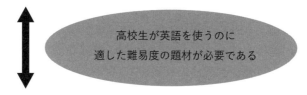

難：地雷除去ロボット・絶滅危機言語・宇宙探査…

図1　題材の難易度の差のギャップ

（2）生徒にとって英語を使いやすい教科書とは

　さて，ここでミラカリの科目編成を振り返りたいと思います。英語を積極的に使用することで定着を狙う「英語活動」と，英文を読むことを中心として高校生の知識や教養を深める「英語理解」の2つが提案されています。「社会的な話題」中心になっている従来型の「英語コミュニケーション」の教科書は，「英語活動」より「英語理解」の方に適していると言えるでしょう。

　「英語活動」の教科書は生徒の英語の使用を促すもの，すなわち，生徒が英語を使いやすいような教科書が理想であると言えます。長文理解を中

心とするような構成でなく，教科書で扱われるものは文章にしても音声にしても生徒の発話や活動を促すためのきっかけのような位置づけです。それらは，インプットとしての役割を果たします。インプットなく，いきなり「ディスカッションをしよう」としても生徒の英語の幅は広がりません。題材は，「日常的な話題」・「社会的な話題」ともに，生徒が「自分ごと」として考えることができ，クラスメートと意見の差異が出て（ただし深刻な話題は避けるべきでしょう）他者との比較をしながら自分の意見を言いたくなるようなものが適しています。「日常的な話題」であっても，その後クラスで話が広がらないような題材は適していません。「社会的な話題」であっても，特別な知識を必要とせず生徒がその場で英語を使えるような活動につながるのなら適した題材と言えます。語彙は CEFR-J の A1・A2 レベル，およびレッスンのトピックに関する語彙を中心に構成し，それらを繰り返し使うことで定着させることを狙います。

（3）英語活動の授業実践例 ── 絵葉書の切手料金不足

　「英語活動」の授業がどのように行われるのか，以下想定して検討したいと思います。筆者は勤務校の公開研究会で機会をいただき，その場で授業を行いました（科目は「コミュニケーション英語」）。ここでは，その授業について報告をします。

　本授業では「知的にチャレンジングな言語活動」と題して，英語活動のデザインを考えました。英語を使用した活動がいかに展開されるかが，教科としての「英語活動」の核心です。

　この授業は公開研究会当日に行われた単発の授業です。「英語活動」の授業は，通常の授業と同様教科書の1つのレッスンを数時間かけて行われることが想定されますが，ここで紹介する授業は英語の活動の1つの形式を提案するもので，実験的に行われた1時間の授業であるということを念頭においてください。また，この時間では「教科書」は生徒の手元にはありません。授業の中でリーディングやリスニング活動がありますが，実際に「英語活動」の教科書が生徒の手元にあるとしたら，それらが載ったもの（リスニングは QR コードなどを通して音源にアクセスする）になることが考えられます。

　さて，本公開授業の大会要項には，授業の位置づけとして，次のように

記しました。

　　　　高校の英語の授業は講義形式が主流であり，言語活動は知的な営み
　　　でなく，生徒の学力を伸ばすものと思われていない。本授業研究にお
　　　いて，知的でチャレンジングな言語活動を提案するが，知的というこ
　　　とは，必ずしも政治経済や種々の社会情勢ならびに科学技術などの話
　　　題に触れることを指すのではなく，身近な話題について，さまざまな
　　　状況や意見を踏まえ，自分の意見を英語で述べる活動を含むと考えら
　　　れる。今回は，そのような活動ができる教材として「送られた絵葉書
　　　の郵便料金が不足していた場合，相手に伝えるか否か」という場面を
　　　設定した。授業者は，この状況について状況をまず理解させ，生徒の
　　　グループで考え，その後数種類の考え方を示したり，相手の立場に立
　　　って考えたりしたあとで，改めて再考するというプロセスを踏み，英
　　　語を用いた生徒の知的学習活動を促進する。

　　　　　　　　　　東京学芸大学附属高等学校第21回公開教育研究大会要綱より抜粋

　英語は英語を使うことを通して身につく，ということは落ち着いて考え
れば当然なことですが，先に述べたように高校では適切な難易度の題材が
欠けていることもあり，英語を使うことが授業の中心になっているとは言
い難いのです。そのような現状に鑑み，本授業では生徒の言語活動が中心
となる実践を行うことを目標としました。幼稚な言語活動は，生徒・教師
ともに高校の現場では受け入れられないでしょう。一方で，少しでも専門
知識を要するような話題にすると，専門知識の理解に重心が移り，英語の
授業としての目標は達成が難しくなります。高度な内容を英語の授業で扱
うと授業としての見栄えは良くなるかもしれません。ただし，英語の授業
として観察する際，生徒が十分に英語を使っているかという点には注意が
必要です。

　そこで，本授業実践のために，カリプロのメンバーで，生徒が話したく
なるような身近な話題はなにか検討し，また授業の内容や展開についても
多くの意見を出し合い，アイディア検討を重ねていきました。その結果，
小学校の道徳で扱われる題材にヒントを得て，「友人が旅先から絵はがき
を送ってくれたが切手の料金が不足しており，代わりに支払をした。その

ことを伝えるべきかどうかについて，グループで意見を出し合って考える」という案にまとまりました。この題材は「小学道徳生きる力 4」（日本文教出版（2022））などに見られますが，もともと文部省資料にあったため多くの道徳の教科書で掲載されています。これは，買い物や道案内ほど単純なタスクではなく，かつ専門的な知識は必要ありません。生徒 1 人ひとりが考え，英語使用が促進されることが期待されます。

（4）授業の展開

　実際に行った授業の流れについて説明します。あらかじめ，5 人程度からなるグループを作ります。40 人規模の学級なら 8 グループできます。本授業では 1 人 1 台の PC を用います。

　授業の流れをつかむために，まず扱う話の内容を確認します。この話は道徳の題材を基に創作したものです。登場人物は Toshi，Lisa，ALT の Mr. Brown です。留学生の Lisa が Host Family と一緒に北海道に旅行をし，美しい景色を見せたいという思いで Toshi に絵葉書を送りますが，郵便料金の仕組みをよく理解していないため，Toshi は受け取りの際，追加の料金を支払いました。このことについて，Mr. Brown に助言を求めます。

　生徒は授業の中で，自分ならどのように考えるか，個人およびグループで考える活動を展開します。予想される展開は，料金不足を Lisa に伝えると絵葉書を送ってくれたのに気分を害するのではないか，しかし，伝えないと Lisa は同じ誤りを繰り返すのではないか，という議論です。

　授業は 5 つのタスクで展開されます。以下，表 1 にて，指導案の抜粋を示します。指導案の完全版については QR コードより参照ください。

表1　指導案抜粋

時間	学習の流れと生徒の活動
5 分	あらかじめ作っておいた 4～5 人班の状態に机を並べておく。 机上に PC を出しておく。 〈Task I〉 Lisa からのメールを読んで口頭で質問に答える。 留学生の Lisa が Host Family と北海道に旅行に行って日本人同級生の Toshi にメールをくれた。

-Answer the Questions-
　　1. Where is Lisa now?
　　2. Why does Lisa want to send Toshi a picture postcard?

15分 〈Task II〉
Toshi と ALT の Mr. Brown の 会話の一部 を聞く。次の質問に答える。

教師による次の質問に，指名された生徒が答える。
Question 1: What is the problem?

教師による次の質問を受け，班で5分程度話した後，各班の代表が黒板に自分の班の意見を書く。
Question 2: If you were Toshi, what would you do?

教師が黒板に書かれた各班のアイディアの整理をするので，他の班がどのような意見を出したか理解する。

10分 〈Task III〉
教師からワークシートを受け取とり，次のダイアログを聞いて空欄を埋める。

Toshi と ALT の Mr. Brown の 会話のすべて を聞く。

ワークシートの空欄を埋め，班メンバーと確認をする。
教師が解答例を示しながら，Task II で出た各班のアイディアが Mother, Brother, Mr. Brown のどれに似ているのか把握する。

5分 〈Task IV〉
Lisa の立場だったらどう思うか，個人で考える。
Lisa に切手代金不足の話をするかしないかについて，Padlet（後述）に示された2択に簡単な理由を添えて，各自の PC を用いて投票をする。

15分 〈Task V〉
今までの活動を踏まえ，班として Toshi はどうすべきか結論を出す。班で話し合った後，Padlet（後述）で班の代表が自分の班のスペースに結論を書き込む。
指名された班は，なぜそのように考えたか発表をする。
黒板には Task 2 の意見，教室モニターには Task 5 の意見が書かれているので，授業を通して意見がどのように深化したか確認する。
〈事後課題〉
自分が Toshi の立場だったらどうするか考え，英文で書く。

　本授業は5つのタスクおよび事後課題から成り立っています。次ページの表2はタスクを中心に生徒の活動をまとめたものです。

　活動形態について，表2では，生徒での活動に中心となって使う4技能の頭文字を付しました。S はスピーキング，L はリスニング，W はライティング，R はリーディングです。

　活動内容について，Task I で状況を理解し，Task II で他者の考えに触

表2　タスクごとの生徒の活動

Task	生徒の活動	活動単位
I	Lisa からのメールを読む［R, S］	個人
II	Toshi と ALT の話の一部を聞き，自分が Toshi だったらどうするか考え話し合う。［L, S］	グループ
III	Toshi と ALT の話の全部を聞き，他の班の考えとくらべながら，さまざまな考え方に触れる。［L, S］	グループ
IV	Lisa の立場だったらどうしてほしいか書く。［W］	個人
V	自分が Toshi だったらどうするか改めて考え話し合う。［S］	グループ
事後	自分が Toshi だったらどうするか考え書く。［W］	個人

れない状態で各生徒が思いついたことをグループで話し合います。リスニングのダイアログは他者の考えが紹介される前で止まります。Task III ではリスニングを通して他者の意見に触れます。ダイアログは他者の意見の紹介まで入った完全版です。他者の意見に触れたうえで各グループで再度話し合います。Task IV では視点を変えて，自分が Lisa の立場だったらどうしてほしいかを個人で考えます。Task V では，これまでの Task で他の人の意見に触れ，自身も違う立場に立って考える試みをしたことで，あらためて自分ならどうするか再度グループで話し合って考えます。事後課題では授業全体を振り返り，落ち着いて自分の考えを記述します。

　このように，活動のバリエーションに幅を持たせ，内容面も徐々に発展するように設定しているのは，生徒に言語活動の機会を多く与えようとしているためです。

　さて，このように多くの活動を1つの授業の中に入れると，ワークシートなどが散乱するのではないか，と思う方もいるかもしれません。授業のアイディアを練るときもそのような懸念はありました。しかし，実はこの授業でプリントとして配布しているのは，Task III で使用する B5 サイズのワークシート1枚だけでした（ワークシートの下部に事後課題の作文欄も設けてあるもの）。生徒がスムーズに多様な活動ができるよう，ICT 技術を活用しようと工夫をこらしたのも，本授業実践の特徴の1つです。

　Task I では Reading 教材として Lisa からのメールを読むのですが，授業では筆者が授業中に生徒の PC にメールで送信するという「演出」を行

いました。Task II では各グループの考えを黒板に出て書きます。Task IV, および Task V では個人ならびにグループの考えをクラスで共有するという場面があります。個人やグループの考えを書き，クラスで共有するというタスクを行うために，今回採用したツールは Padlet です。padlet.com サイトにて，シート3枚までなら無料で使用可能です。本授業では2枚のシートを使っていますが，削除すればまた新たに使えるようになります。

　Padlet はオンライン掲示板アプリです。ブラウザ上で操作ができます。本授業の Task IV では次のように使用しました。授業者があらかじめ図2のように投票欄を設定しておきます。Task IV は Lisa の立場に立ち，Toshi にどうしてほしいか考えるタスクです。選択肢として普通考えられるのは「料金不足のことについて言ってほしくない」，または「本当のことを言ってほしい」のどちらかでしょう。念のため，「その他の考え」という選択肢も設けました。この Padlet のページの URL を生徒に伝えアクセスするよう指示をすると，図2のような画面が生徒の PC 上に現れます。

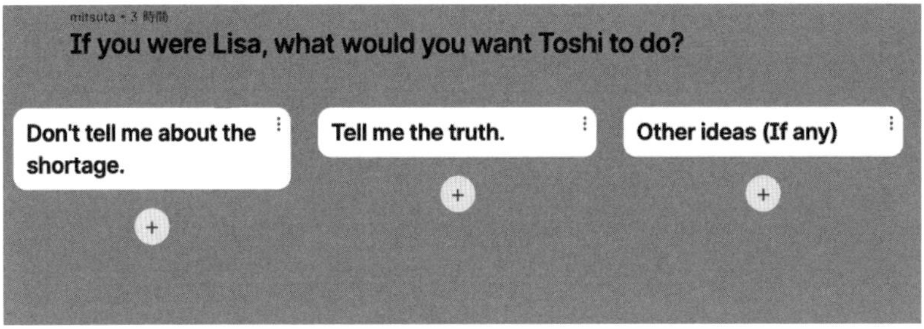

図2　Task IV における Padlet 初期画面

　生徒は自分の考えに近いものを選び，選択肢の下の「＋」のボタンをクリックして，「投票」します。投票したら生徒はその理由を英語で書きます。「＋」は投票ボタンではなく，投稿に対してコメントを書きたいときに押すのが本来の使い方ですが，このようにアレンジして利用できるのも Padlet の使い勝手の良さと言えます。このようにして，生徒が実際に「投票」を行った画面が次ページの図3です。

　お金を払いたくないので，料金不足のことについて言わないでほしい，という正直な気持ちや，同じ過ちを繰り返したくないから本当のことを言ってほしいなど，自由に書いています。こういう話題を教室で行うと「ウ

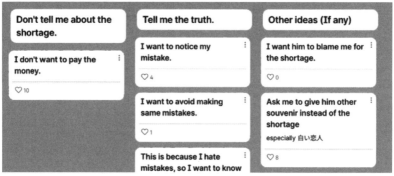

図3　Task Ⅳ における生徒の実際の取り組み

ケ狙い」をする生徒はどの発達段階であっても必ずいるものですが，英語の授業としてはそれを含めて言語活動への参加は大いに歓迎しています。英語力の制約により，本当に伝えたいことが書けないこともあるかもしれません。時間の許す限り，教師としては生徒にどういう意図で書いたのか聞いてみたいと思います。そのような生徒と教師のやり取りを含めて，教室での言語活動なのです。「不足料金の代わりにお土産買ってきてって言ってほしい」というアイディアもあり，これは我々は想定していませんでした。高校生の自由な発想に驚かされることは多くあります。

　Task Ⅴ においても同様に Padlet を活用しています。こちらは，グループごとに Toshi がどうするべきかまとめる活動ですが，画面上部に Group 1 から 8 まで横に並べ，その下の「＋」を押すことで自分たちの意見を記入するようにしました。

(5) 授業の振り返り

　このような授業を展開し，英語が得意な生徒からそうでない生徒まで，夢中になって活動に参加しました。Task Ⅳ の Padlet の生徒のアイディアのように，教師が事前に全く予想がつかないことを表現する生徒がいます。生徒の発想は大変柔軟で，感心できるものもあれば，よくわからないものもあります。言いにくいことは友達ではなく先生など目上の人から伝えてほしい，というアイディアにはなるほどと思わされました。Lisa に対して同様に料金不足の葉書を意図的に送り，同じ目に遭わせるという発想には驚かされました。

　予想しない回答について"What do you mean?"などと言いながらやり取りをすれば，英語の活動がさらに促進されます。生徒が何が言いのかわからなくて困ることもありますし，この授業では筆者自身うまく言えなくもどかしくなった場面もありました。通常の授業よりも「予想される生徒の反応」のバリエーションが多く，教師もこのような授業の場数を踏んで，自らを鍛えるしかないでしょう。

　なお，この活動ではグループで話し合う時間は日本語の使用を禁止していません。これは言語の制約を受けることなく，自由に深く考えてほしいからです。教師とのやり取りや発表は英語で行いました。このことについて，違和感を持つ方もいるかもしれませんが，英語の授業においてどの言語を用いるかはバリエーションがあっていいと考えています。簡単なタスクを行うのなら，最初から最後まで純粋に英語を用いる方がよいでしょう。しかし，本授業では，状況を「自分ごと」としてじっくり考えてほしいのです。最終的には英語で表現するのであり，途中のプロセスにおいて手段として母語を用いるのは，授業の目標達成に障害になることはないと考えます。

（6）今後に向けて

　今回の授業は，生徒に考えさせる時間を比較的長くとっていますが，「英語活動」の授業としては，一回ごとの考える時間は短めにして，その代わり考える題材を多く与えることで，より英語を使用する量が増える可能性もあります。このスタイルの授業は教師が司会役となるため，理想的には教師は教室の中央に立ち，生徒はその周りを円のように囲む方がやりやすいかもしれません。また，班同士でのコミュニケーションが取れるような工夫があればよりよいでしょう。

　ここにあげた Task I のメール文章や，Task II, III の音源，Task IV, V の ICT 活用について，これらがすべて活用できるような教材が「英語活動」として理想的な教科書でしょう。教科書はもはや文字が印刷された冊子という概念ではありません。今では，QR コードとスマホの登場により，教科書はしゃべるものになっており，今後も予想のつかない変化を遂げるでしょう。

　今後このような授業を続けていくためには，題材を集めていく必要があ

ります。今回の題材は相手に対して言いにくいことを言うかどうか，という葛藤がテーマです。もし自分が同じような場面に遭遇したらどの行動をするでしょう。友情やお金，礼儀，伝え方など，いろいろなことを整理して考えなくてはなりません。それこそが知的な営みです。日常的なことであれ，社会的なことであれ，生徒が「自分ごと」として捉え，生徒が考えていることを思わず伝えたくなるような気持ちにさせることができるのが良い教科書であり，授業です。

　本節で筆者（光田）は「自分ごと」という言葉を何度か使いました。「他人ごと」に対する概念として筆者はこの言葉を自然に使っていましたが，これを目新しい言葉遣いと感じられた人がいました。調べてみると，どうやらこれは NHK の調査に取り上げられており，使われ方に時代の流れがある言葉のようです。そして，まさに「自分ごと」という言葉こそがキーワードになるのでしょう。「自分ごと」として英語で話すことのできる題材こそが，「英語活動」の教材としてふさわしく，自分のこととして題材に熱中し，悩み，語りたくなるような教科書と授業の仕掛けこそが，本当の意味で生徒の英語の発話を促すことができるのです。

※本授業の構想にあたり，カリプロの「教材班」で数か月にわたり検討を重ねました。齊藤澄江先生，砂田緑先生，本多綾子先生には貴重なご助言と多大なお力添えをいただいたことに，感謝を申し上げます。

3　ミラカリの勧め

ミラカリは中高ギャップの埋めるために創られた

　本章で紹介してきたミラカリは，本書のテーマである中高ギャップを埋めるために作り出されたものです。

（1）まだ原形（プロトタイプ）である

　ただし，まだ完成品というわけではありません。まだプロトタイプ（原形）という状態です。文法については中学と段差なく，しかも将来的に使用率の高い語彙によって構成することができることはほぼ確信を持つことができました。

　まだ，これからこのプロトタイプをちゃんとした原形にしていくためには，英活の題材（課題）を詰めていく必要は残っています。

　課題解決型の教材は既に出版されていますが，課題の規模とその内容については偏りがあり，高校生が親しみを感じ活動にのめり込んでいけるようなものには必ずしもなっていません。

　高校生が日々考え，意志決定に思い悩むような種類のタスクを教材に取り入れるには，さらなる研究が必要でしょう。

（2）国のカリキュラムとして採用されるかどうかはわからない

　ミラカリがすぐに高校で広範囲に使われることは，残念ながら想定できません。しかし，現在は既に次の学習指導要領についての議論の過程であり，実際に議論する人たちの頭の中にミラカリ的な発想が組み込まれていることが大切です。

　そのような想いで構想されたのがミラカリです。

（3）Policy Maker の頭の中に入れる

　抽象的な Policy Maker などいません。必ず特定の個人が集まって次のカリキュラムを決めます。その特定の個人が誰なのかはわかりません。秘密という意味ではなく，現時点で未定という意味です。

　未定だからこそ，多くの人にミラカリというアイディアを知ってほしい

のです。その多くの人の中に，Policy Maker になる人が含まれているからです。未来の Policy Maker の頭の中に，たとえ片隅にでもミラカリの発想が入っていることが大切なのです。

（4）できそうな学校ではチャレンジしてほしい

　もちろん，この取り組みは未来の政策決定者のためだけに行われたものではありません。

　今からでも，現行カリキュラムの発展型として，実践に移せる学校ではぜひ試してみてほしいと思います。

　教育改革には新しいアイディアが必要です。しかし，そのアイディアは教育現場での実践に耐え得るものでなければなりません。実践の洗礼を受けていなければ実行可能なアイディアとは認められません。

　チャレンジして，ある程度の実行可能性が証明されれば，さらに多くの学校が取り組むきっかけになります。

　ぜひ，ミラカリを使ってみてほしいと思います。

（5）ミラカリは近々未来型

　最後に 1 つだけ，お断りしておきたいことがあります。それは，ミラカリは未来のカリキュラムではありますが，その「未来」はごく近い未来だということです。ここ 5 年から遠くても 10 年先ぐらいまでのものです。ですから，見た目は「理解系」，「活用系」といった従来のスタイルをとっています。

　しかし，もっと先の未来にはこのようなスタイルとは全く異なる形のカリキュラムが必要になるでしょう。英語教育自体のニーズさえも大きく変容していることが考えられます。

　そのときには，そのときに英語教育を担っている人たちが，その未来に適したカリキュラムを作ることになるでしょう。

第 5 章
ギャップを超えて未来へ
──ギャップ解消の条件

本書のまとめ

以上，本書で見てきたことは，概略以下の通りです。

> ①中高ギャップは大きい。
> ②ギャップが埋まり，基礎英語が定着すれば，かなり高度なこと（大学
> 入試）もできる。日本人の英語力の底上げができる。
> ③ギャップを解消する高校での取組みはさまざまな形で試みられている。
> ④中高ギャップを生まないカリキュラムの試作も始まっている。

というわけですが，以下にはギャップを生む根底にある原因について少し詳しく論じてみたいと思います。

（1）ギャップの根っこ

ギャップを生み出す原因の根っこにあるのは，教育の役割の変化です。学校制度（学制）がスタートしてから年月を経て，教育のもつ役割が徐々に変わってきています。特に中等教育では，その一部が義務教育となって大きく変化してきています。

ギャップを生む根本原因になっている，教育の役割と中等教育の位置づけについての古いイメージのエッセンスは次の2つです。

①教育全般について，教師の役割の第1は教材提供・解説
②中等教育はエリート教育（高度な学問への入り口）

この2つを踏まえると，中等教育は限られた少数の生徒に対して社会のリーダーになるための高度な学問への導入を行う，少数のエリート相手の教育なので，レクチャーでほぼ事足ります。

これに対して戦後から今日までに状況の変化がありました。その変化を上記①②に則して言うと次のようになります。

①″ 教材は学校が提供しなくとも容易に入手できるので，教育の役割は，学習のサポートに重心がシフトした

②″ 中等教育はエリート教育ではなくなったので，さまざまな学習サポートの工夫が必要になった

（2）教師は教材提供者

　日本に学制が敷かれたのは明治5（1872）年です。小学校を義務教育にして，国民等しく教育を受けることが義務づけられました。国民皆教育を実施するには，教育を授ける場所（学校），授ける人（教師），教える道具（教材・教具）などが整備されなければなりません。

　このうち，教材を生徒に授ける（届ける）役割を担うのが教師です。教材を生徒に届けるのが教師の一番大切な仕事でした。教科書がある場合は，その内容を生徒が受け取りやすい形にして届けます。教科書がない場合は，教師の頭の中にある教科内容を生徒に伝えます。そうしたとき，教師自身が教材そのものであったと言えます。生徒は学校という場に出向き，教師の話を聞き，その内容を記録することによって初めて教材を自分の手元に置くことができました。こうした状況で，教材の提供を教育の最優先事項とする伝統は教師のDNAに深く刻まれました。

　しかし現在，教材は選択に困るほどあります。英語でも，文字教材は言うに及ばず，音声，映像等々どれをとってもあり余るほどある時代になっています。こうなると教材を提供するという教師の最優先の役割は変化していかざるを得ません。学習する材料は十分揃っています。だから，教師のやることは，習得を促すように生徒に英語を使わせ，学習をモニターし，適宜サポートをするという役割に重点がシフトしてきているのです。

（3）中等教育には教え方の工夫は特にいらない

　これに加えて，中等教育の位置づけも戦前戦後で変わりました。小学校だけだった義務教育が中学（新制）までとなりました。これは大きな変化でしたが，その変化に教育システム，特に教員養成と研修がついていけていませんでした。まさに戦後教育改革の中で置いてきぼりを喰ったという状態でした。現在では小学校でも教えられている英語ですが，戦後長らくは中等教育が担ってきました。したがって，中等教育の変化に応じた教育体制の変革が必要でしたが，戦前の中等教育のイメージをそのまま引きずって来てしまったのが，中高ギャップの根本原因となっています。

戦前，中等教育はエリートコースでした。中学（旧制）に進学すること
は即エリートになることを意味していました。昭和 15（1940）年の中学進
学率は約 7% です（中教審，1999）。エリート教育に求められる教師の仕事
は，担当教科の専門知識が主なもので，教え方の技量についてはその比重
はあまり大きくありませんでした。

　ところが，戦後，中学（新制）までが義務化されたため，10% にも満た
ない生徒しか進学しなかった中等教育に，小学校卒業生の 100% が進むこ
とになりました。中等教育はもはや少数エリートたちへの教育ではなくな
っているのです。

（4）教員養成・研修で悪循環を断ち切れる？

　こうした戦後の状況変化にともなって，中等教育が機敏に反応して対応
できてきたかというと，そうではなさそうです。そのため，中学も高校も
教材の提示・解説モードから脱しきれていません。また，高校は特に戦前
のエリート教育の残滓をかなり引きずっています。

　古い教育イメージで養成された教員が教えることで，旧式な教育が再生
産されるという悪循環に起きています。その悪循環を断ち切るのは，教員
養成・研修であるはずなのですが，養成・研修のデザインのし直しへの動
きは最近までかなり鈍いものでした。

　教員免許を取得するための教科教育法を例に挙げてみましょう。中高の
教員免許を取得するためには，教科の教育法についての単位を取らなけれ
ばなりません。そして各教科とも，教科教育法 2 単位が必修とされてきま
した。1 教科につき教科教育法 2 単位というのは小学校と同じです。

　1 人の教師がほぼ全教科を担当する小学校と違い，中学高校は教科専任
です。1 人の教師は 1 教科（あるいはその中の 1 科目）のみを教えるのが一
般的です。したがって，ほぼ全教科を教える小学校の免許必修単位が 1 教
科 2 単位ですから，中高も同じでよいというものではあり得ないはずです。

　1 科目（1 教科）のみを教える中高の教師には，担当教科の指導法にも
っと多くの時間を使い，より多くのトレーニングを課すことが必要です。
2 単位の中で，中学と高校での指導法，両方学ぶことを考えただけでもど
れだけ少ないかわかります。しかも，高校では英語コミュニケーション
（以下，英コミュ）とか論理・表現（以下，論表）であるとかといった科目

にも分かれています。それぞれの科目により，その指導方法も異なっています。

また，教科指導と一口に言っても，授業の仕方の基本から始まって，教材の研究や開発，テストや評価の方法等々，さまざまなことを学ばなければなりません。そして，それぞれが，中学と高校では異なります。こう考えてくると，大学で半期1科目2単位では絶望的に少ないのです。

さすがにこれではいけないということで，平成30（2018）年に教育職員免許法（教免法）の一部改正があり，2単位だった教育法が中学では8単位，高校で4単位に改められました。中学が8単位に対して，高校が4単位というこの改正にもまだ古いパラダイムの残滓が執拗に残っていることを感じざるを得ませんが，改正自体はよいことなので，この効果を期待したいと思います。

教員養成については，このほかにも教職大学院での教員養成も徐々に本格化しつつあります。しかし，まだまだ小学校教員養成を主たるターゲットにしているように思え，特に教科教育についてはこれからという感が否めません。

研修の方もいろいろ工夫はされてきていますが，とにかく，実質的な量が足りません。公立校では初任者研修が義務づけられ，校内で週10時間，年間300時間，校外で25日ということになっています。こう見るとかなりの時間が充てられているように見えます。しかし，教科指導に関する研修時間はこのごく一部です。その限られた時間がどのように使われているかも，学校によって千差万別です。

初任者を迎える学校では，教科指導について面倒をみる教員が指定されているはずで，初任者の授業を見てアドバイスなどすることになっていますが，実際には「思うように自由にやりなさい」などと言って，特段のアドバイスをしてくれないといった初任者の声も聞こえてきます。

多くの教育委員会は教科指導員のような職員を設け，そうした職員が定期的に初任者の授業を見学に来て，必要なコメントなどを与えてくれるようになっています。しかし，その質と量については自治体によって大きな差があります。

また，校内，校外の指導職員どちらの場合でも，指導する側のDNAが古いものだと，悪循環が断ち切れません。

初任者研修が終わると義務化されている研修は自治体によって異なります。初任から3年ぐらい研修を続けさせるところもありますが，5年次ぐらいで1回，いろいろ批判のあった免許更新講習もなくなり，10年目ぐらいにもう一度あるかないかです。

その他に中英研，高英研といった団体による一般的な公開授業，学校単体による公開研究会的なものもありますが，大体の場合，年に1度のイベント的なものになっている場合が多いです。また，テーマも毎年変わり，知識，経験が蓄積されていくようには作られていないようです。

（5）「習ったように教える」しかない

教員養成，研修が不十分であると，新しい教え方はできず，結局自分が生徒のときに習った方法が唯一の頼りになってしまいます。「習ったように教える」しかなくなります。

改善は進められているものの，量的に圧倒的に乏しい教員養成・研修と比べて，自分が生徒だったころに触れた教育方法は中高だけでも6年間，小学校も入れるとそれ以上の年月の経験として身体に染みついています。したがって，自分の習った古いパラダイムに基づく教育を繰り返すという悪循環を断ち切るには，通常の「研修」的なものだけでは到底無理で，量的にも質的にもよほど大きなエネルギーをかけた実験的実践プロジェクトが必要となります。

2　ギャップ解消の取り組みには共通点がある

　本書で紹介している取り組みは，こうした実験的実践プロジェクトの例です。紹介しているこうした研究プロジェクトには，以下のようないくつかの共通点が見られます。これらがこうした取り組みの成功の条件になっていると思われます。

---

(1)　学校英語科全体の取り組みである。
(2)　長期間にわたる試行錯誤のプロジェクトである。
(3)　外部サポートが得られている。
(4)　蓄積を確認しながら進められている。
(5)　蓄積が校内，校外ともに広く共有されている。

---

(1) 学校英語科全体の取り組み

　まず，これらの取り組みはすべて，学校の英語科全体あるいは特定学年単位での取り組みです。1人の教員が個人的に自分の担当する科目の中で試行したことではありません。

　例えば，TANABU Model は英コミュ（コミュ英）のレッスンの扱い方に軽重を付けるというやり方です。場合によっては，軽重という程度に留まらず，使わないレッスンも設ける場合もあります。したがって，担当者全員が新学期当初，予めどれを重く扱い，どれを軽く扱うか，あるいは捨てるかを取り決めしておかなければなりません。軽重や取捨選択が担当者によって異なっていては共通問題で定期考査など行うことができません。

　もっと典型的なのは KitaCom です。これは，英コミュ（コミュ英）と論表（英表）を合科して1人の教員が担当するという方式です。授業改善もこの規模になると時間割にも影響してくるので，英語科を超えて学校全体の問題になります。

　浜松湖南高校のコアラは，英表（論表）全体をコアラにしてしまうという取り組みなので，学年内での合意はもちろん，他学年担当者の合意も不可欠です。

　このように英語科全体の取り組みということになると，ある程度以上の

221

同僚性を必要とします。ここが高校における授業改善が難しい大きな要因です。中学では，1人の教員が1学年すべてを担当しているケースは少なくないので，比較的新しい方式を試しやすいものです。しかし，高校では，1科目を複数の教員で受け持つことが普通です。少なくとも，英語授業のやり方について話し合える環境がある学校でしか，こうしたチャレンジはできません。

　ただ，卵と鶏の関係のように，こうしたチャレンジをすることによって同僚性が高まることもよく見受けられます。同僚性が高まると，科会などを頻繁に行わなくても，担当者同士が日常的にちょっとした情報交換などを廊下や職員室ですれ違うときに頻繁に行う姿が見えてきます。

(2) 長期間にわたる取り組み

　英語科全体の取り組みにも関連するが，取り組みが年単位のもので，長期的に持続しているというのが次の共通点です。

　今回紹介している中では，TANABU Model が11年目に入ろうとする段階です。また，山形スピークアウトは1校の取り組みとしては，鶴岡中央高校での6年ですが，他校に受け継がれている分も含めるとこれも10年近く実践されています。その他の取り組みで一番短いものでも2年間を経て継続中です。

　国や自治体の委嘱研究も行われていますが，通常は1年程度のものが大半で，10年取り組むといった例は編者は見たことはありません。

　また，研究の仕方もイベント的であり，研究の結果検証が十分に行われていないケースが多くあります。

　1年程度と言いましたが，実質上は数か月ということも少なくありません。国や県などから学校に降りてくる予算の執行が秋口からしかできないような場合，スタート時点で実質的に研究期間が半年になってしまっています。また，研究発表の日程が先に決まっていて，1月末から2月にかけてとなると，研究期間はさらに短くなり，成果はほとんど期待できません。

(3) 外部サポートが得られている

　本書で紹介している実践事例のどれもが，何らかの形で外部からのサポートを得ていることも共通点です。純粋に英語科で校内だけで改革を推進

し，長年にわたってその努力を維持している例は本書で紹介したものについてはありません。

外部サポートは多くの場合，国からの財政的援助，教育委員会からの財政的援助，指導主事などの派遣による内容の援助があります。

山形スピークアウトは，文科省の「英語教育改善のための調査研究事業」からスタートしていますが，1年で民主党政権のいわゆる事業仕分けによってそのサポートを失いました。しかし，その窮地を救ってくれたのが県教委で，急遽「英語教育改善推進校」として指定してくれて，継続をサポートしてくれました（ただし，予算措置はありませんでした）。

その他，外部団体からのアドバイザー派遣制度などの利用により，外部からアドバイスも受ける学校がほとんどです。外部サポートを得るのは難しいように感じるかもしれませんが，探せばいろいろなものがあるものです。1つだけ例を挙げておくと，地域の大学（特に教員養成系大学）を利用することがお勧めです。

外部サポートは，よい意味での「外圧」になります。外圧がないと，英語科が多忙になったときには，「今回はミーティングを取りやめにしよう」というようなことになり，取りやめが2度3度と繰り返されると，そのうちに授業改善のプロジェクトも立ち消えになってしまいます。

（4）成果が蓄積されている

委嘱研究などでは極端に短い期間に行われているのが問題ですが，それに加えて，研究テーマに継続性がないことも問題です。1年ぐらいの「研究プロジェクト」が終わると，次の年度には異なるテーマで次の学校が指定されます。よい意味での「ネチっこさ」がないのです。

1つの学校では1年プロジェクトにならざるを得ないとしても，同じテーマで次の学校にバトンタッチすることはできるはずです。授業のやり方でも，A中学が試し，そして公開授業で示す，それを受けて翌年にはB中学がA中学方式に改良を加えてまた発表するといった具合です。しかし，そうしたことはあまり行われていません。

本書でご紹介した実践事例はすべて，何年もかけて同じ授業モデルに取り組み，試行錯誤を続け，段々に実践しやすい形への進化を遂げているものばかりです。

（5）そして共有

　蓄積は共有されなければいけません。まず，プロジェクトの進捗状況が校内で共有されていなければなりません。それには共有する機会が設けられている必要がありますが，同僚性が高まると，特段のミーティングなどを設定しなくても日常の「廊下ミーティング」で情報が共有されます。

　田名部高校での校内研では，それぞれの教師がトライした方法やハンドアウトなどが，うまくいったもののみではなく，うまくいかなかったものまで共有され，ハンドアウトの改訂版も一緒に配布されることが印象的でした。失敗から学ぶことの方が，成功から学ぶことより多いとはよく言われることですが，失敗が研究会の場で共有されることは学校では稀なことです。

　共有は校内に留まりません。地域や全国への発信などに配慮がなされている点も今回の実践事例の特徴です。広範囲での共有を可能にするには，共有の方法を考えないといけません。報告書を作成して他県の教育委員会に配布する，といった方法では，たいていの場合，報告書が委員会に死蔵されていて一般の教員がアクセスしにくいものです。

　アクセスしやすい形とは，例えば学校のHPに上げるとか，書籍とかオンデマンドの動画にするとかが考えられます。今回の実践事例はほとんどの場合，書籍になっていたりDVDが用意されていたりします。具体的な書籍などについては巻末の参考文献を参照してください。

　広く共有することは学校での研究の持続にも通じていきます。広く公開すれば他校から問い合わせが来ます。見学希望も出てきます。田名部高校には早い段階から，全国的に訪問客が多く，初期の公開研究会で既に，兵庫，山口，鹿児島といった遠方からの参加者もありました。

（6）君の前に道はある

　以上のような共通点を見てくると，これからやろうとする学校，人たちは，ある意味その困難さに立ちすくんでしまうかもしれません。

　しかし，そうした学校や先生方の前には道があります。既に試行錯誤した先人の英知が蓄積されています。その内容も書籍などでアクセスして学ぶことができます。実践している学校を訪問して実際の授業を見たり，担当者に話しを聞いたりすることもできます。誰も踏み入れたことのない未

開の荒野を1人切り開いていくという段階では既になくなっているのです。

　皆さんの前には道はあります。まだ，十分広い道ではないかもしれません。舗装されていないかもしれません。しかし，道はあります。先人の切り開いた道を整備し，そしてさらにその先へ進めばよいのです。

(7) 新しいDNA── 習ったように教えればよい

　さらに違う方向からも希望の光が差し込んできています。新しい授業方法が試されていると，その方法で習った生徒たちの中から，英語教師になる人が出て来ます。新しいDNAを持った教師の誕生です。

　教員養成，研修の乏しさのため，「習ったように教え」では，古いDNAの再生産になります。しかし，新しいDNAを持った教師が「習ったように教える」と，新たな授業形式の再生産が起こります。

　5ラウンドシステムで習った生徒は5ラウンドしか知りません。大学の養成課程で初めてそれ以外の教え方に触れることになります。TANABU Modelで習った生徒は，日本の英語教育はどの学校でもTANABU Modelだと思って育っていきます。そして，既に中学，高校で英語を教えている卒業生がいます。英語教師になるべく，大学で準備をしている人たちもいます。こうして確実に悪循環は断ち切られていこうとしているのです。

　困難な状況でも，新しい教育の役割に即した英語授業を模索してきたベテラン教師の努力と新しいタイプの教師とが巡り会います。同僚との試行錯誤で獲得したDNAと，最初からそのDNAを持った教師とのコラボが始まります。両側から掘り進んだトンネルが開通し，新鮮な空気が流れるのを読者の皆さんもぜひ体験していただきたいと思います。

あとがき

　日本人の英語力全体を引き上げるというのが本書の基本とする考え方です。上級者が増えることはもちろん望ましいことです。しかし，中学レベルの基礎をしっかり身につけて高校を卒業する人を1人でも多くすることが，学校教育の最も大きな使命だと思っています。

　授業を改善することによって，全体の英語力引き上げは可能だと思います。そのためには実行可能な工夫がなされなければなりません。

　本書では中高ギャップを埋めるための6種類のアプローチを紹介しました。この6種類は机上の空論ではありません。すべて実践されている（された）ものです。そしてこれからも試行錯誤が繰り返され，変化し続けるでしょう。これら6つをうまく組み合わせて，それぞれの学校に適した形にすることもできるでしょう。

　そして，その先は，カリキュラム自体をギャップ解消に適したものにすることです。そうした思いから生まれたのがミラカリです。決定版というものではありません。将来的に新しいカリキュラムを考える時のサンプルだとお考え下さい。

　6つのアプローチとミラカリ。読者の皆さんがご自分の勤務校，ご自分の生徒さんに適した授業方法，カリキュラムなどを作成し，実践する時のヒントにしていただければ幸いです。

　最後に，執筆者のお1人である砂田緑さんと大修館書店の小林奈苗さんに感謝の意を表したいと思います。お2人には本書企画，原稿整理の段階でいろいろなアドバイスをいただきました。何十度となく，意見交換する中で，本書が英語教育界に問いたいメッセージが明確になっていくのを感じてうれしく思うことが多々ありました。お2人のご協力なしには，本書はできなかったと思います。

　本書によって，中高ギャップを解消するという学校英語教育最大の使命である取り組みが，一校でも多くの学校でなされることを強く望みます。

2023年11月

編者

参考文献

Anthony, L. (2022). AntWordProfiler (Version 2.0.1) [MacOS]. Tokyo, Japan: Waseda University. Available from https://www.laurenceanthony.net/software.

Krashen, S. (1982). *Principles and practice in second language acquisition.* Pergamon Press.

Lightbown, P. M., & Spada, N. (2013). *How languages are learned 4th edition. Oxford Handbooks for Language Teachers.* Oxford university press.

Muranoi, H. (2007). Output practice in the L2 classroom. In DeKeyser (Ed.), *Practice in a Second Language*, pp. 51-84. Cambridge University Press.

Uchida, S. and M. Negishi. (2018). Assigning CEFR-J levels to English texts based on textual features. In Y. Tono and H. Isahara (eds.) *Proceedings of the 4th Asia Pacific Corpus Linguistics Conference (APCLC 2018)*, pp. 463-467.

アルク教育総合研究所監修（2015）．『中学英文法で大学英語入試は 8 割解ける！』．アルク．

大田悦子（2015）．Lexile Measure で表す高校英語検定教科書の難易度：「コミュニケーション英語Ⅰ」と「英語Ⅰ」の比較．『白山英米文学』，（40），pp. 41-56.

大田悦子（2017）．旧課程と現課程の中高英語教科書の難易度比較-中高 6 年間の教科書難易度の推移．『白山英米文学』，42, pp. 19-41.

金谷　憲（総合監修）(2007)『挑戦 900 点 TOEIC テスト攻略プログラム』アルク．

金谷　憲（編著）(2009)．『教科書だけで大学入試は突破できる』．大修館書店.

金谷　憲（編著）(2011)．『高校英語授業を変える！　訳読オンリーから抜け出す 3 つのモデル』．アルク．

金谷　憲・臼倉美里・大田悦子・鈴木祐一・隅田朗彦（2017）．『高校生は中学英語を使いこなせるか？　基礎定着調査で見えた高校生の英語力』．アルク．

金谷　憲・樋口涼太・浜田健成（2021）．「「座談会」元生徒が語る 5 ラウンドシステムの授業」『英語教育』Vol. 70 No. 10, pp. 34-35.

関東甲信越英語教育学会　研究推進委員会（2018）．「高校生は中学英語をどの程度使いこなせるか　中学英語定着テスト間の相関とセンター試験との関連」*KATE Journal*, 32 号，pp. 115-128

教科書目録情報データベース
https://textbook-rc-lib.net/Opac/search.htm?s=-cKZ-xZqMVYzA_
3dOR9fO1zB6wh

鈴木祐一（2016）.「日本人高校生にはどれくらいの英文処理速度が必要か？
大学センター試験「英語」の分析から」『神奈川大学言語研究』39 巻，pp. 1
-20.

東京外国語大学投野由紀夫研究室.（2020）. CEFR-J Wordlist Version 1.6.
Available from https://cefr-j.org/download.html.

投野由紀夫（編著）(2013).『CAN-DO リスト作成・活用　英語到達度指標
CEFR-J ガイドブック』. 大修館書店.

投野由紀夫・根岸雅史（編著）(2020).『教材・テスト作成のための　CEFR-J
リソースブック』.　大修館書店.

根岸雅史（2015）. Lexile Measure による中高大の英語教科書のテキスト難易
度の研究. *ARCLE REVIEW, 9*, pp. 6-16.

文部科学省（2018）. 高等学校学習指導要領（平成 30 年告示）解説　外国語編
英語編.

執筆者一覧 <small>＊五十音順，（ ）内は担当箇所</small>

編著者

金谷　憲	東京学芸大学名誉教授	（第1章，第3章1／3.3， 　第4章2.3／3，第5章）

執筆者

臼倉美里	東京学芸大学准教授	（第2章3）
遠藤久美子	埼玉県立不動岡高等学校教諭	（第3章7.2）
大田悦子	東洋大学准教授	（第3章3.1）
川本渚凡	東京外国語大学特任講師	（第4章1）
閑野眞理子	埼玉県立大宮高等学校教諭	（第3章7.1）
坂岡優子	青森県立三本木高等学校教諭	（第3章3.2）
庄﨑里華	高知県立高知北高等学校教諭	（第3章5.2）
鈴木祐一	神奈川大学准教授	（第2章2）
鈴木加奈子	山形県立鶴岡北高等学校教諭	（第3章4.1）
砂田　緑	東京学芸大学非常勤講師	（第4章2.1）
竹内睦子	静岡県立浜松湖南高等学校教諭	（第3章7.3）
堤　孝	青森県立田名部高等学校教諭	（第3章2）
投野由紀夫	東京外国語大学大学院教授	（第4章2.2）
中村　隆	明治学院高等学校， 都留文科大学文学部英文学科非常勤講師	（第4章2.2）
西尾　彩	横浜市立南高等学校附属中学校教諭	（第3章5.1）
根岸雅史	東京外国語大学大学院教授	（第2章1）
本多綾子	学校法人智香寺学園 正智深谷高等学校非常勤講師	（第3章7.1）
光田怜太郎	東京学芸大学附属高等学校教諭	（第4章2.4）
矢作賢明	山形県立新庄北高等学校教諭	（第3章6）
山口和彦	山形県立東桜学館中学校・高等学校教諭	（第3章4.2）

金谷　憲（かなたに　けん）

　東京学芸大学名誉教授。東京大学大学院博士課程単位取得退学，文学修士。スタンフォード大学博士課程単位取得退学。英語教育学専攻。

　主な著書に，『英語教育熱　過熱心理を常識で冷ます』（研究社，2008），『高校英語授業を変える！　訳読オンリーから抜け出す3つの授業モデル』（編著，アルク，2011），『中学英語いつ卒業？　中学生の主語把握プロセス』（編著，三省堂，2015），『高校生は中学英語を使いこなせるか？』（編著，アルク，2017），『高校英語授業における文法指導を考える』（編著，アルク，2020）などがある。

ちゅうこう　う　こうこう　えい ご じゅぎょう　かいぜんさく
中高ギャップを埋める　高校の英語授業6つの改善策

© Kanatani Ken, 2024　　　　　　　　　　　　NDC375／vi, 229p／21cm

初版第1刷——2024 年 1 月 20 日

編著者————金谷　憲
発行者————鈴木一行
発行所————株式会社 大修館書店
　　　　　　　〒113-8541 東京都文京区湯島 2-1-1
　　　　　　　電話 03-3868-2651（販売部）　03-3868-2294（編集部）
　　　　　　　振替 00190-7-40504
　　　　　　　［出版情報］https://www.taishukan.co.jp

装丁者————精興社
印刷所————精興社
製本所————難波製本

ISBN978-4-469-24672-8　Printed in Japan
Ⓡ本書のコピー、スキャン、デジタル化等の無断複製は著作権法上での例外を除き禁じられています。本書を代行業者等の第三者に依頼してスキャンやデジタル化することは、たとえ個人や家庭内での利用であっても著作権法上認められておりません。